칭기즈칸의
위대한 장군,

수부타이

칭기즈칸의
위대한 장군,

수부
타이

Genghis Khan's Greatest General
Subotai the Valiant

리처드 A. 가브리엘 지음 | 박리라 옮김

글항아리

누군가의 아버지이자, 남편이자,
형제이자, 스승이자, 음악가이자, 아들이며,
물론 아주 괜찮은 남자이기도 한
스티븐 찰스 크랜츠를 기리며……

일러두기
본문에서 첨자로 부연 설명한 것은 옮긴이 주다.

머리말

수부타이 바투르, 즉 용장 수부타이는 고대에서 중세에 이르는 군 역사에서 가장 위대한 장군 중 한 명이었다. 전술적 탁월함에 있어서는 한니발과 스키피오에 버금가며 책략가로서는 알렉산더, 카이사르와 어깨를 나란히 했다. 그가 지휘한 군대는 규모와 수준, 작전 범위면에서 고대의 대부분의 군대를 능가했다. 수부타이의 지휘와 지도 아래 몽골군은 더 빠르게 더 멀리 움직이며 그때까지 어떤 군대도 해내지 못했던 엄청난 범위에 걸친 군사작전을 수행해냈다. 이슬람 연대기 작가들은 수부타이가 73세의 나이로 세상을 떠날 때까지 "32개 민족을 정복했고 65차례의 대격전에서 승리했다"고 말한다. 수부타이 사후, 중국과 무슬림 적수들조차 그에게 찬사를 보냈을 정도로 명성이 대단했다. 용장 수부타이가 없었다면 몽골은 분명 고려와 중국, 페르시아, 러시아를 정복하지 못했을 것이며 몽골군이 유럽으로 진격하는 길목에 남아 있는 모든 군대를 전멸시키고 헝가리를 정복하는 일도 없었을 것이다. 대칸이 사망하지 않았다면(몽골 군대와 왕자들이 후계자 선출을 위해 몽골 본토로 돌아와야 했던 일) 수부타이는 틀림없이 전 유럽을 제패했을 것이다!

때문에 위대한 책략가이자 전술 천재였던 수부타이가 서양에는 거의 알려져 있지 않다는 사실이 놀랍기만 하다. 비록 조반니 디 플라노 카르피니가 몽골 궁정을 방문한 뒤, 1248년에 몽골군과 그들의 장비, 전술 등에 대한 내용을 기록해두기는 했지만 이 작업은 유럽의 군사 사상이나 훈련 등에 아무런 영향을 끼치지 못한 듯하다. 마르코 폴로의 기록도 마찬가지였다. 장 피에르 아벨 레뮈자는 1829년에 저술한 책에서 중국의 기록을 번역한 아홉 쪽짜리 수부타이 '전기'를 실었다. 한스 델브뤼크의 대저서 『병법사Geschichte der Kriegskunst』에서는 몽골을 언급조차 하지 않는다. 필자가 알기로는 몽골의 군사 체계를 분석해 서술한 근대 첫 군역사가는 러시아의 미하일 이바닌(1801~1874) 중장이었다. 당시에 러시아가 몽골 및 중앙아시아 튀르크 부족들과 접촉했다는 점을 감안했을 때 그의 책은 곧 군사 사상에 중대한 공헌을 한 것으로 인정받았다. 그 책과 몽골 군사 체계 연구는 제2차 세계대전 이후까지 황립 사관학교와 그 밖의 (소련) 군사학교에서 교재로 활용되었다. 그러나 서양의 군역사가와 전문가들은 몽골의 군 역사는 물론이고 몽골군에서 가장 위대한 장군 수부타이의 업적도 사실상 무시하는 것으로 일관했다. 1927년 바실 리들 하트 경이 자신의 저서 『위대한 명장들의 비법Great Captains Unveiled』에서 칭기즈칸에 관한 내용으로 한 단원을 채우면서 수부타이의 업적을 대략적으로 기술했다.

1922년에는 프랑스 군역사가 앙리 모렐이 몽골에 관한 기사를 썼으며 1932년에는 어느 캐나다 장교가 쓴 짧은 학술 논문에 수부타이가 잠깐 언급되기도 했다. 다시 말해 역사상 가장 위대한 장군 중 한 명이 서양에는 거의 알려져 있지 않은 것이다.

따라서 이 책은 이 위대한 장군의 군사 전기 중 서양에서 출간된 최초의 도서가 될 것이다. 필자는 이 책을 쓰면서 주로 아라비아, 페르시아, 중국, 프랑스 자료의 영역본에 의존해 정보를 얻었다. 『몽골비사 Secret History of the Mongols』도 영역본을 활용했지만 원본에서 무리 없이 얻을 수 있는 정보들은 작은 조각까지도 어떻게든 결합시킬 방법을 모색했다. 또한 2차 자료에 산재되어 있는 수부타이와 관련된 작은 정보들을 그러모아 그 정보의 범위 안에서 이 위대한 장수의 초상화를 완성시키는 데 활용했다. 필자의 노력이 부족하더라도 이제는 몽골과 군역사를 공부하는 이들이 역사상 훌륭했던 야전 지휘관 중 한 명에 대해 조금이나마 더 배울 수 있는 자료가 하나 생긴 것이다. 수부타이는 역사적인 인물 이상이다. 그가 남긴 유산은 사실상 살아 있는 역사다. 근대 이후의 군사작전 이론과 훈련법의 대다수는 수부타이와 그가 이끈 몽골군이 처음 사용한 것이다. 오늘날 강조하는 속도, 기동력, 기습, 포위공격, 후방전투, 종심전투, 섬멸전 등은 모두 수부타이가 지휘했던 군사작전에서 처음 등장한 수부타이 특유의 전술들이다. 이런 의미에서 오늘날의 전투에 정통하고자 하는 사람은 과거의 전투들을 먼저 공부할 필요가 있다고 말할 수 있겠다.

차례

〈삽화〉

용장 수부타이

　노인 대장장이와 그의 두 아들이 무릎까지 쌓인 눈을 헤치며 험준한 산비탈을 따라 테무진의 막사로 향했다. 세 사람은 바이칼 호 서쪽 타이가북반구 냉대 기후 지역의 침엽수림 지대의 숲속에 있는 집을 떠나 먼 길을 걸어왔다. 저 멀리 눈이 녹아 맨땅과 돌이 드러난 수목한계선이 보였다. 몇 리만 더 걸으면 초원을 밟을 수 있었다. 초원에는 이미 봄이 시작되어 드넓은 몽골 평원에 새싹이 돋아 온통 녹색으로 뒤덮였다. 봄이면 몽골 씨족들은 겨울 동안 지내던 막사를 산에 그대로 남겨두고 말떼를 몰고 초원으로 내려와 풀을 먹였다. 반쯤 굶주린 채 혹독한 몽골의 겨울을 이겨낸 동물들에게는 먹이를 배불리 먹고 체력을 회복할 수 있는 계절이었다. 말이 다시 건강해져서 몽골족의 전쟁에 투입되려면 족히 한 달은 걸렸다.

　　노인 대장장이는 몽골 초원 북쪽 삼림지대에 사는 우랑카이족으로 이름은 자르치우다이다. 그는 20년 전쯤에도 이번처럼 먼 길을 떠난 적이 있었다. 그때는 큰아들 젤메와 함께였는데 지금은 그 아들이 어엿한 청년이 되어 있다. 그 당시에도 대장장이였던 자르치우다이는 등에 풀무를 둘러멘 채 한때 몽골 씨족 전체를 통치했던 몽골 제국의 장수이자 계승자인 예수게이를 만나기 위해 길을 떠난 것이다. 그는 예수게이에게 자신의 큰아들을 수하로 삼아달라고 부탁할 참이었다. 예수게이는 오논 강 델리운 동산에 막사를 치고 지내던 중 그곳에서 아들을 얻었다.[1] 그리고 그 첫아들의 이름은 끝없이 계속되는 씨족 간의 전투에서 자신이 죽인 용감한 장수의 이름을 따서 테무진이라고 지었다. 자르치우다이의 아들도 테무진과 같은 달에 태어난 어린아이였다. 예수게이는 자르치우다이의 마음이 고맙긴 했지만 힘들게 아이 둘을 길러야 할 아내가 걱정이었다. 그래서 젤메가 성인이 되면 기꺼이 받아주겠노라 약속하고 자르치우다이를 돌려보냈다. 숲속 마을로 돌아온 자르치우다이는 젤메가 성인이 될 때까지 열심히 대장간 일을 했다. 그 사이에 둘째 아들을 얻었는데 아내는 그 아들을 출산하던 중 그만 세상을 떠나고 말았다. 자르치우다이는 두 아들과 함께 세상에 덩그러니 남겨졌다.

　　어느 날 자르치우다이는 예수게이가 타타르족에게 변을 당했다는 소식을 들었다. 그들이 거짓으로 몽골 천막에서 환대를 베풀며 독살한 것이었다. 예수게이가 죽을 무렵에 겨우 열 살이었던 테무진은 씨족 내 전사들의 충성심을 얻지 못했다. 씨족이 새로운 지도자들에게 충성을 맹세하자, 테무진과 그의 형제들 그리고 어머니는 말 한 필 없이 초원에 버려졌다. 테무진과 그의 가족들은 자르치우다이가 예수게이의 사망 소식을 접하기 전 몇 년 동안은 생사의 문턱을 넘나들다가 예수게이의 안다몽골어로 의형제와 동맹을 맺고 마침내 보호를 받게 되었다. 돈독한 친분 덕분에 몽골 왕족의 피가 흐르는 테무진은 자신을 따르는 사람들과 그들의 가족을 가까이 불러들일 수 있었다. 드디어 1187년 봄 테무진이 오논 강 둔치에 천막을 치자, 그의 추종자와 그들의 가족 그리고 가축을 이끄는 소집단의 우두머리가 되었다. 자르치우다이는 테무진이 왕족의 아들이자 오랜 몽골 왕조의 계승자임을 알고 있었다. 대장장이처럼 소박한 사람에게도 약속이란 꼭 지켜야 하는 것이었다. 때가 되면 예수게이에게 아들을 보내겠다고 약속했던 터라 이제 자르치우다이는 그의 아들인 테무진과 그 약속을 지키려고 먼 길을 떠나온 것이다.

자르치우다이와 그의 두 아들은 초원의 열기가 차가운 아침 공기를 몰아낸 늦은 아침이 되어서야 막사에 도착했다. 테무진은 낯선 사람이 접근하고 있다는 보초병의 보고를 받고 자신의 천막 앞에서 기다렸다. 당시 몽골 전사의 삶은 잠시만 방심해도 목숨이 위태로워졌기에 이방인이 누구인지 파악하는 데 경계를 늦추지 않았다. 『몽골비사』흔히 중국 원대에 몽골어본이 완성되고 명대에 한어로 번역되었다고 추정되는 몽골의 역사서로 '원조비사元朝秘史'라고도 불린다. 북아시아 유목민족에 의해 편찬된 역사서로는 최고最古로 내용은 몽골족族과 칭기즈칸의 선조에 대한 전승傳承·계보, 칭기즈칸의 일생과 오고타이칸의 치세를 기록한 것으로, 몽골 제국 성립 시기 및 초기의 역사에 대한 중요한 사료다. 또한 몽골족이 서사시적인 수법을 많이 사용해 그들의 언어로 기록한 문헌이므로, 문학서와 중세 몽골어 연구 자료로서도 중요한 의미를 지닌다에 자르치우다이가 테무진에게 했던 이야기가 실려 있다.

"오래전 나에게는 그대와 비슷한 시기에 태어나고 자란 젤메라는 아들이 있었소. 오논 강 델리운 동산에서 테무진 그대가 태어났을 때, 나는 그대의 부친께 그대를 감쌀 검은 담비 가죽 배내옷을 주었소."²

자르치우다이는 테무진이 자신의 어린 시절 이야기를 처음으로 듣고 있다는 것을 그의 얼굴 표정으로 알 수 있었다. 몽골 사람이라면 누구나 자신의 혈통을 적어도 5대까지는 알고 있었고 한 번에 줄줄 읊을 정도였다. 하지만 테무진은 그렇지 못하다는 것을 자르치우다이는 느낄 수 있었다. 노인 대장장이는 다시 말을 이어나갔다.

"그대가 어릴 때 내 아들 젤메를 그대 부친께 맡기려고 했지만 부친에게는 그대가 갓 태어난 터라 지금까지 내가 데리고 있었소."³

그는 잠시 말을 멈추고 테무진의 씨족에 들어가기를 간절히 바라는 젤메를 물끄러미 바라보았다. 어릴 때부터 젤메는 대장간 일에는 소질이 없었고 흥미를 보이지도 않았다. 자르치우다이는 다시 테무진 쪽으로 고개를 돌리며 말했다.

"이제 나는 그대 부친과의 약속을 지키려 한다오. 지금부터 젤메는 그대의 것이니 그대의 안장을 얹게 하고 그대의 문을 열게 하시오." 자르치우다이는 그렇게 테무진에게 아들을 넘겨주었다.⁴

당시 젤메의 동생도 아버지 뒤에 서서 모든 상황을 지켜보고 있었다. 그런데 『몽골비사』에는 그 열두 살짜리 소년에 대한 이야기가 실려 있지 않다. 훗날 '화로의 수호자'인 오치긴이 된 둘째 아들은 삼림 부족의 관습에 따라 아버지의 신분을 물려받아야 했다. 노인 자르치우다이 역시 젤메가 떠난 뒤 우랑카이족의 전통대로 둘째 아들이 대장장이가 되리라고 생각했다. 우리는 그 어린 소년이 모든 광경을 지켜보며 무슨 생각을 했는지 알지 못한다. 아마 그는 대다수의 몽골족보다 키가 더 크고 체격이 좋으며 눈이 늑대같이 잿빛인 테무진의 외모에 마음을 빼앗겼을 것이다. 숲을 벗어나본 적이 없었던 그는 아마도 봄을 맞은 드넓은 초원의 아름다움에, 새싹이 깔아놓은 녹색 융단에, 혹은 자신의 마을처럼 울창한 숲으로 가려지지 않고 머리 위로 곧장 쏟아지는 햇살에 감동을 받았을 것이다. 아니, 어쩌면 형과 마찬가지로 대장장이가 되고 싶지 않아 했지만 아버지가 그 사실을 몰랐을 수도 있다. 형이 스스로 새로운 삶을 찾았듯이 동생도 언젠가는 다른 길을 찾을 것이다. 하지만 이 모든 것은 불확실하다. 확실한 것은 다만 1187년 이른 봄 테무진과 대장장이 자르치우다이의 두 아들과의 만남이 세상을 바꿔놓았다는 점이다. 그로부터 20년이 채 지나기 전에 젊은 장수이자 왕자인 테무진은 부족들을 통일해 "모든 모전毛氈 천막 게르로 몽골족의 이동식 집 거주자들"[5]로 이루어진 새로운 국가를 통치하게 된다. 1206년에는 몽골 부족 대표가 다 모인 대회의에서 지도자로 뽑힌 테무진이 새 칭호를 얻어 세계를 두려움으로 몰아넣게 된다. 오래전 그 5월의 들판에서 한때 도망자였던 테무진은 칭기즈칸이 된 것이다. 그리고 자르치우다이의 둘째 아들도 훗날 세계를 뒤흔들게 된다. 자르치우다이의 둘째 아들은 아버지의 기대를 저버리고 몽골 소년이 무사가 되는 열네 살이 되자, 우랑카이족의 보금자리를 떠나 테무진의 군대로 들어간 뒤 군인이 되었다. 그 소년의 이름은 수부타이로 훗날 역사에 길이 남는 위대한 장군으로 명성을 떨쳤다.

군 역사에서 매우 흥미로운 모순 중 하나는 몽골에서 가장 위대한 장수가 사실은 몽골인이 아니라는 점이다. 몽골이라는 말은 칭기즈칸에게 속한 부족으로 이루어진 씨족 집단을 일컫는다. 일단 칭기즈칸이 케레이트족, 메르키트족, 나이만족, 타타르족 등 몽골 내 다른 부족들을 통일하면서 중국과 이슬람교, 기독교 연대기 작가들이 그 총연

합체를 몽골이라 부르게 된 것이다. 모든 부족은 말과 소를 치며 목초지를 찾아 계절마다 이동하는 초원 유목민이었다. 모두 말을 타고 다녔으며 전쟁을 치를 때도 공통적으로 활 쏘는 기마병을 동원했다. 수부타이가 속한 우랑카이족은 삼림 부족, 혹은 다소 맞지 않는 표현이지만 삼림 몽골족이라 불리는 씨족들 중 하나였다. 연대기 작가들은 우랑카이족을 바이칼 호 서쪽 끝 예니세이 강 상류 침엽수림에 살았던 순록치기 민족으로 알고 있다.[6] 그들은 초원지대의 몽골족 장수와는 전혀 다른 삶을 살았으며 스스로 그들과 구별되게 살았다. 실제로 칭기즈칸은 힘을 얻자마자 몇 차례의 군사 원정을 통해 삼림 부족들을 지배하려 했다.

삼림 부족에 대한 칭기즈칸의 관심은 어떤 친족의식보다는 냉엄한 초원의 경제 구조에서 비롯되었다. 사냥과 어로를 하는 우랑카이족은 시베리아에서 모피를 구해 초원에 사는 몽골족에게 팔며 생활했다. 몽골족은 혹독한 겨울 추위를 이겨내야 했기에 모피를 귀하게 여겼다. 우랑카이족은 사냥할 때 "작고 반질반질한 뼈를 발에 묶어 얼음 위에서 아주 빠르게 움직이며 몸을 날려 동물을 잡을 수 있었다."[7] 우랑카이족은 유목민이 아니었다. 즉 그들은 가축을 몰고 철마다 옮겨 다니는 것이 아니라 단단한 통나무집을 짓고 동물 가죽과 자작나무 껍질로 지붕을 이어 부락생활을 했다. 이처럼 안정적인 생활을 하다보니 어떤 사람들은 금속세공인이 되었고, 그중 몇몇은 유목생활을 하는 몽골족의 야영지로 가서 금속 무기와 가정용 도구를 고치는 일을 했다. 대장장이 자르치우다이도 이런 사람들 중 한 명이었다.

시베리아 타이가 지대는 몽골 초원지대보다 훨씬 더 춥고 눈이 많이 내리며 일조량도 적기 때문에 우랑카이족은 초원지대 사람들보다 동물 가죽을 옷으로 사용할 때가 많았다. 1300년경에 페르시아의 의사 라시드웃딘이란 출신으로 일한국Ⅱ汗國의 의사·정치가·역사가(1247~1318). 일한국의 시의侍醫와 재상을 지냈으며, 이란 사회에 알맞은 몽골의 지배 체제를 확립하는데 진력했다이 그의 저서 『집사集史, Jami' at-Tavarikh』몽고사 연구의 중요한 사료에 기록한 설명에 따르면 삼림 부족들은 초원 몽골족들의 부족 간 전쟁에 휘말리지 않았다. 라시드웃딘은 림reem이라는 순록을 기르는 우랑카이족을 제외한 나머지 삼림 부족이 대부분 가축을 기르지 않았다고 한다.[8] 그들의 후손들, 즉 순록치기 민족은 수부타이가 살던 시대처럼 아직도 북극권 부근 시베리아 삼림지대에 거주하고 있다. 라시드웃딘에 의하면 삼림 부족들은 삼림지대를 떠나는 일이 거의 없었다고 한다.

> 우랑카이족은 자신들의 삶이 더없이 행복하다고 생각한다. 그 지역의 날씨는 매우 춥고 눈밭에서 사냥하는 일이 허다하다. 그들은 양쪽 발에 차나라고 하는 긴 나무판을 묶고 마치 배를 몰 때 쓰는 장대처럼 손에 막대기를 쥔 채 나무를 밀며 눈 위를 이동한다. 그렇게 산비탈을 재빨리 타고 내려가 동물들을 잡는데……. 이것을 직접 봐야 믿을 수 있을 텐데.[9]

시베리아 타이가에 살던 대장장이의 둘째 아들 수부타이는 초원에 사는 몽골인의 아들과는 전혀 다른 방식으로 양육되었다. 수부타이는 초원지대 소년들처럼 세 살 때 어머니에게 말 타는 법을 배우지 못했고, 다섯 살 때 활 쏘는 법을 익히지도 못했다. 초원지대 몽골족은 삶의 대부분을 말 등에서 보내는데, 아마도 수부타이는 열네 살 때 칭기즈칸의 군대에 들어가기 전까지는 말을 타본 적이 없을 것이다. 수부타이는 추위와 더위가 교차하는 몽골 초원지대에서 안장에 앉은 채 긴 시간을 보내본 적이 없지만 전 부족은 탁 트인 평원을 가로질러 몇 안 되는 표지물을 따라 이동했다. 수부타이는 초원이 얼마나 넓은지, 거리는 얼마나 되는지 짐작조차 할 수 없었다. 나무가 무성한 숲에서만 살아온 그에게는 그야말로 벌거벗은 초원이나 사막에 비할 만한 것, 혹은 그로 인한 끔찍한 무력감을 감당할 만한 것이 있었을 리 만무하다. 여느 초원의 아들들과 달리 이 타이가의 아들은 날음식을 먹어본 적도, 쿠미스주로 말젖을 원료로 하여 만든 술를 마셔본 적도, 기나긴 행군길에 영양을 보충하기 위해 말의 피를 마셔본 적도 없었다. 숲속에서의 삶에 익숙한 그가 탁 트인 평원에서 멀리 떨어진 사물의 움직임을 포착하는 능력이나, 멀리 있는 사물이 사람인지 짐승인지 가려내는 몽골인 특유의 능력을 가졌을 리 없다. 누구에게나 이런 능력은 부족하기 때문에 초원에서는 방심하다가 기습 공격을 받고 종종 치명적인 결과로 이어지기도 하는 위험한 곳이다. 그럼에도 이 대장장이의 아들은 몽골 역사에서 가장 위대한 장수가 되었다. 수부타이는 자신의 업적으로 인해 인류 역사를 통틀어 가장 성공한 장군의 반열에 올려졌다. 그것이 어떻게 가능했는지 이야기를 들어보면 아주 흥미로울 것이다.

교황으로부터 받은 임무를 마치고 1247년 몽골 궁정에서 돌아와 1248년에 『몽골인의 역사Historia Mongalorum quos nos Tartaros appellamus』를 저술한 프란체스코회 수도사 플라노 카르피니는 몽골족 사이에서 위대한 장수로 추앙받는 수부타이가 아직 살아 있으며 잘 지내고 있다고 기록했다.[10]

『신아시아 논집Sou Houng Kian Lou』(1829년에 레뮈자가 번역)에 실린 중국의 수부타이 전기에서는 이 위대한 장수가 73세에 사망했다고 전한다.[11] 따라서 우리는 수부타이가 1175년부터 1248년까지 살았음을 추정할 수 있다. 수부타이를 처음 언급한 것은 칭기즈칸의 출현과 그의 삶을 기록한 몽골인들의 영웅 이야기 『몽골비사』다. 『몽골비사』는 그리스의 『일리아드』처럼 시적인 표현으로 몽골 역사와 신화를 기록하고 있다.[12] 수부타이의 이름이 처음 등장하는 부분은 테무진과 질투심 많고 강력한 동맹 자무카와의 관계에 금이 가는 시점이다. 테무진과 자무카는 1년여 동안 동맹이자 의형제를 맺은 관계였다. 둘의 씨족들은 함께 이동하고 또 함께 막사를 지었다. 하지만 결국 자무카는 날로 더해가는 테무진의 인기에 회의적인 태도를 보이고 두 씨족은 갈라져 더 이상 함께 지내지 않게 되었다. 그러자 몽골 부족의 모든 씨족과 전사들은 어느 편에 설 것인지를 결정해야 했고, 대다수는 테무진을 택했다. 이에 대해 "잘라이르족, 웅구르족, 망구트족 사람들이 찾아왔다. 아를라트족에서 보오르추의 친척인 우겔레 체르비가 합류하고, 젤메의 동생 수부타이 바투르도 우랑카이족을 떠나 그들과 합류했다"[13]고 전한다.

수부타이는 형의 선례를 따라 숲과 아버지의 대장간을 떠나 테무진의 군대로 떠나는 일생의 모험을 감행한다. 나이를 속이고 군인이 되는 어린 소년들 이야기는 군대가 생긴 이래 늘 있어왔다. 수부타이 역시 열네 살에 전사가 되는 몽골 소년보다 더 어렸다.

이 서사시에서는 수부타이를 바투르라고 부르는데, 마치 그가 테무진의 수하에 들어갔을 때 이미 그 칭호를 받았던 것처럼 보인다. 바투르라는 칭호는 '용감한' 혹은 '용맹한'이라는 뜻이기 때문에 중국 연대기 작가들 사이에서 수부타이 바투르는 용사/용장 수부타이로 알려져 있었다. 러시아로 흘러들어가서는 보가티르라는 용어가 되었다. 바투르는 몽골 기사의 칭호로 테무진을 호위하던 젊은 무관 수부타이에게 부여되었다. 『몽골비사』는 수부타이가 이미 걸출한 장수로 이름나 있고 바투르 칭호도 받은 때인 1240년과 1260년 사이에 쓰였다. 이후 수부타이는 바투르보다 더 높은 직위까지 진급했지만 그는 일생 동안 바투르 칭호를 더 많이 사용했다. 그래서 외국의 연대기 작가들이 바투르를 수부타이의 성으로 착각할 때가 종종 있었다.

수부타이가 테무진의 부하가 되었을 때는 그저 어린 소년이었을 뿐 무사는 아니었다. 하지만 그의 형 젤메는 테무진의 가장 절친한 동료이자 조언자였다. 젤메가 테무진을 찾아왔을 때, 테무진은 씨족에서 추방당한 데다 말도 도난당하고 메르키트족에게 아내마저 납치되었으며 그의 곁에는 전사들도 거의 없어 몹시 힘든 상태였다. 젤메를 향한 테무진의 존경은 『몽골비사』에도 뚜렷이 드러난다. 1188년 씨족이 테무진을 전쟁을 이끌 지도자로 뽑았을 때, 모든 족장이 나서서 테무진에게 충성을 맹세하러 왔지만 젤메와 보오르추만은 예외였다. 서사시에서 테무진은 두 사람이 얼마나 존경받는 인물이었는지를 잘 나타내고 있으며 그들을 향한 테무진의 충성 맹세와 경의를 이렇게 표현하고 있다.

테무진이 보오르추와 젤메를 돌아보며 말했다. "그대 두 사람은 내가 그림자 말고는 친구 하나 없을 때 나의 그림자가 되어 내 맘을 편안하게 해주었다. 그대들이 내 마음에 있게 하라! 꼬리밖에는 다른 채찍이 없을 때 꼬리가 되어 나의 심장을 편안케 했다. 그대들이

내 가슴에 있게 하라! 그대들은 전부터 나와 함께했으니 이들을 모두 통솔해야 하지 않겠는가?"[14]

이 글을 통해 우리는 정치적, 군사적으로 적을 물리칠 방법을 모색하기 위해 테무진과 무관들이 소집한 모든 협의회와 작전회의에 젤메가 내밀히 관여했음을 추측할 수 있다. 지도자가 충실한 지휘관과 고문들을 모아 지휘관 회의를 진행하는 일은 고대 서양에서도 아주 오래전부터 있어왔으며 몽골에서도 일반적인 것이었다.[15] 충실한 동료라는 젤메의 입지 덕분에 수부타이는 군 내에서 수준 높은 교육을 받을 수 있었을 것이다.

숲에서 온 어린 소년이 몽골 초원생활에 어떻게 적응했는지는 젤메가 처한 상황을 통해 잘 알 수 있다. 젤메가 테무진의 노예로서 '안장이자 천막 문지기'가 되었다는 사실은 그때까지만 해도 젤메에게 군사기술이 없었다는 뜻이다. 몇 년 후 그는 몽골 군인의 삶에 완전히 적응했다. 하지만 수부타이는 아직 어린 데다 군인이 될 준비도 되어 있지 않았다. 그러면 이 소년을 어떻게 할 것인가? 수부타이는 평범한 노동자로 돌아갈 수도 없었고 그렇다고 군대에서 혹독한 훈련을 받기도 어려웠다. 젤메에 대해 이야기하고 있는 시 구절이 수부타이에게도 해당되는 내용이라면 수부타이가 테무진의 천막 문지기 일을 하면서 몽골 무관의 지도를 받아 군사기술을 익혔을 가능성이 있다. 수부타이의 특별한 직위는 시 속에 함축되어 있듯이 군인과 전혀 관련이 없는 신분인데도 그는 마치 그들의 일원인 듯 다른 족장들과 함께 테무진에게 충성을 맹세했던 것이다. 수부타이의 맹세에는 군대의 모험성과 테무진의 외모에 강한 인상을 받은 소년의 감성이 있다. 그래서 혹

자는 수부타이가 테무진의 부하가 되려는 의지가 넘쳐났다고 생각할
수도 있다. 다른 족장들은 테무진을 영웅으로 묘사하고 자신들을 곰
과 늑대에 비유하며 충성심을 드러낸 반면, 수부타이는 테무진의 고귀
함이나 군사적 역량을 찬양하지 않았다.

> 그러자 수부타이가 테무진에게 맹세했다. "쥐가 되어 거두어들이겠
> 습니다! 검은 까마귀가 되어 밖에 있는 것을 모아들이겠습니다! 덮
> 개 모전이 되어 덮어드리겠습니다! 바람막이 모전이 되어 집을 가려
> 드리겠습니다!"[16]

자신을 쥐와 까마귀에 비유한 것으로 보아 이 소년은 주인을 위해
일하고 복종하기를 몹시 갈망하고 있다. 하지만 지도자에게 필요한 군
사기술을 하나도 갖추지 못한 수부타이가 보여줄 수 있는 것이란 고작
자신이 할 수 있는 것은 뭐든 다 하겠다는 투지뿐이었고 그 기술 또한
몽골 전사만큼 가치 있는 것은 아니었다. (자신의 가치를 한 끼 식사 거
리도 안 되는 쥐에 비유하는 소년을 다른 족장들이 어떻게 생각했을지
궁금해하는 사람도 있다.) 하지만 바람을 막는 모전 같은 존재는 한때
문지기였던 수부타이 바로 자신이었다.

젤메의 동생이자 테무진의 초병이었던 수부타이는 무관들의 군사
회의에도 참석하게 된다. 그중에는 물론 젤메도 있었다. 여기서 우리
는 수부타이가 얼마간 몽골 기병대에서 말 타는 법, 활 쏘는 법, 기동
연습 및 화공술 연습 등 몽골의 군사훈련을 받았으리라 추측할 수 있
다. 그 뒤 10년 동안 테무진과 그의 씨족은 최대의 라이벌이자 한때
동맹이었던 자무카를 비롯해 다른 부족들과도 여러 차례 교전을 치렀

다. 그렇게 교전을 여러 번 치르면서도 몽골 민족을 통일하거나 지도 자를 뽑는 문제에 대해 전략적인 결정이 내려지는 경우는 없었다. 이 시기에 수부타이는 아마 일반 사병으로는 처음 전투를 맛보았을 것이 고 나중에는 십호十戶(10명 내외로 구성된 분대) 혹은 백호百戶(100명 내외로 구성된 중대)의 지휘관이 된다. 『몽골비사』에서는 이 10년간 의 전쟁에 수부타이가 겪었던 군사적 체험을 다루고 있지 않지만 부 족 간의 충돌을 계기로 수부타이가 몽골의 싸움 방식을 익히고 전투 가 가져다주는 신체적, 정신적 혹독함에 단련되었을 수 있다. 수부타 이의 전투력이나 지휘 능력에 대한 추가 기록은 전쟁이 끝날 무렵인 1197년이 되어서야 나타난다.

역사를 살펴보면 수부타이의 전투 경험보다 젤메를 비롯한 테무진 수하의 최고 지휘관들이 벌이는 토론과 거기서 오가는 질문들을 그 가 직접 보고 들었다는 사실이 더 중요했다는 것을 알 수 있다. 수부 타이가 그런 회의에 참석했다는 데에는 의심의 여지가 없다. 아마 처 음에는 우연히 참관했을 것이고 전술이 어느 정도 향상되었을 때는 젤메 뒤에 앉아 회의를 지켜보았을 것이다. 10년 동안 상급 지휘관들 이 전투 계획과 그에 따른 수행 능력에 대한 사후 보고 분석을 둘러 싸고 논의하는 것을 지켜본 수부타이는 결국 탁월하고 매우 실용적인 군사 교육을 받은 셈이다. 그리하여 부대 전술 그 이상을 생각하고 부 대의 전술적 운용이 상위 작전 구도에 들어맞는지, 전체 전략과는 잘 맞는지 차례로 살필 수 있게 된 것이다. 이 시기에는 비록 실전 경험이 적어 소부대 정도만 지휘할 수 있었지만 수부타이는 전쟁 계획과 실 행을 작전술 수준에서 접했다. 전쟁 계획을 구체화하고 대규모로 시행 할 수 있는 능력은 무관이 갖추어야 할 가장 어려운 능력 중 하나다.

이런 실력은 대부분 얻기 힘들기 때문에 수백 년에 걸친 전쟁사에서도 진정으로 위대한 장수가 몇 명 되지 않는데 그중 한 명이 바로 수부타이였다. 그는 독특한 군사 교육을 받았다. 다양한 수준의 전술 지휘 경험을 쌓음과 동시에 최고 지휘관들의 토론과 작전 수립, 전투 분석 현장을 오랜 기간 동안 접했던 것이다.

실전을 치르면서 수부타이의 지력을 키우고 그를 역사상 가장 성공적이며 혁신적인 장수로 만들어준 것은 전투 경험이 아니라 바로 교육이었다. 현대 군사체제 중 수부타이의 경험과 가장 비슷한 유형의 군사 교육으로는 독일 참모본부 체제를 들 수 있다. 이것은 나이 어린 장교와 지휘관들이 직속 참모부에서 높은 수준의 전투 임무를 다루는 상급 지휘관들의 논의를 지속적으로 접하며 많은 경험을 쌓을 수 있도록 해주는 체제다.

수부타이가 어엿한 스물두 살의 군인이 된 1197년 테무진은 앙숙인 메르키트족을 공격했다. 중국 연대기 작가들이 남긴 전쟁 자료에 따르면, 수부타이는 100명가량으로 이뤄진 소규모 백호를 지휘하고 있었다고 한다. 그때까지 몽골군에는 병사 수가 1000명이 넘는 연대(천호千戶)가 없었고 연대의 지휘는 항상 테무진 수하의 상급 지휘관들이 맡았었다. 중국 문헌에서는 메르키트족과의 전쟁에서 수부타이가 했던 역할을 다음과 같이 설명하고 있다.

테무진이 메르키트 공격을 앞두고 무관 회의를 소집했다. 그가 물었다. "누가 먼저 공격하겠는가?" 그러자 수부타이가 자원을 했고 테무진은 그의 용기를 높이 사며 민첩한 병사 100명을 맡겼다. 그런데 수부타이는 오히려 자기가 모두 맡겠다고 했다. 그리하여 메르키트족의 막사로 이동한 수부타이는 테무진의 대의명분을 저버리는 척했다. 수부타이의 말을 믿었던 메르키트족은 침략 대비를 소홀히 하는 바람에 몽골군이 창장長江 강티베트에서 상하이까지 가로지르는 중국 최대의 강에 이르렀을 때 기습 공격을 당했고 장수 두 명이 포로로 잡히고 말았다.[17]

메르키트 공격에 관한 상급 무관들의 지휘관 회의에 수부타이가 참석했다는 사실로 미루어보아 수부타이는 비록 하급 무관이었지만 그런 유의 회의에 정식으로 참여하게 되었음을 알 수 있다. 수부타이가 모든 회의에 참석했다는 사실은, 비록 노련하고 뛰어난 야전 지휘관은 아니었던 것으로 평가되지만 그럼에도 오랫동안 테무진에게는 귀중한 군사고문이었음을 암시한다. 다른 지휘관들은 용맹함과 건장함을 무기로 내세웠다. 수부타이가 '탁월한 군인정신'이라는 훨씬 더 귀한 무기를 지녔다는 사실은 점점 더 명확해지고 있었다.

메르키트를 상대하는 수부타이의 행동을 통해 우리는 그의 생각을 얼핏 엿볼 수 있다. 특히 기만전술과 기습 작전을 활용하는 모습이 인상적이었는데 이 두 가지 특성은 훗날의 전투활동에서도 반복적으로 드러난다. 수부타이의 군대는 적군이 한 가지만 생각하도록 거듭 유도하면서 그는 반대 상황을 행할 준비를 하고 있었다. 그리고 군대를 이끌고 공격을 했을 때는 거의 언제나 전략적, 전술적 기습 목표를 달성했다. 창장 강에서 메르키트족을 공격할 때처럼 강한 일격을 가할 때는 늘 한곳에 병력을 집중시키는 중심Schwerpunkt 전법을 활용했다. 수부타이가 이끈 군대는 자신들보다 규모가 더 큰 적군과 싸울 때가 많았지만 늘 결정타를 가할 수 있도록 전략을 짰고, 결정적인 순간에는 십중팔구 수적 우세를 차지했다. 중국 문헌에서는 메르키트족에게 맞서는 수부타이의 작전 시도에 대해 그의 군사적 의지가 대담하고도 위험성이 따른다고 기술하고 있다. 수부타이는 비록 구체적인 계획을 수립하고 기밀 보고서를 다루는 인물로 알려져 있지만 원래 그는 나폴레옹처럼 도박사 기질이 있었으며, 그것은 위대한 장군이 지닌 가장 중요한 특징이기도 했다. 그는 무언가를 터득하면 항상 '동전 따먹기 놀이 한 판에'[18] 모든 것을 거는 위험한 도박을 했다. 이러한 성격상의 특징이 뛰어난 지력과 결합되어 수부타이를 매우 혁신적이고 창의적인 지휘관으로 만들었다.[19]

1197년과 1206년(테무진이 마침내 라이벌들을 물리쳤을 때) 사이, 테무진은 수부타이를 투입해 몇 차례의 전투를 치렀다. 1201년에는 자무카와 옹칸을 상대로 엎치락뒤치락 접전을 이어간 적이 있는데 전투 도중 테무진이 화살에 맞아 목에 상처를 입게 된다. 충직한 부하였던 젤메는 상처 부위의 피를 빨아내고 지혈을 해 자신의 친구이자 지도자인 테무진을 살려냈다. 1202년, 테무진은 타타르 공격에 나섰다. 지난 1199년 전투와 달리 이번에는 타타르족 남자들을 '수레바퀴 높이에 따른 측정'으로 타타르족의 위험에 종지부를 찍었다. 사로잡힌 타타르족 남자들은 수레바퀴 옆을 지나가도록 했다. 쐐기 높이보다 키가 크면 머리가 잘려나갔고 키가 작은 아이들은 살아남아 훗날 몽골군으로 보내졌다.[20] 그리고 여자들은 노예가 되었다. 이런 일들은 몽골족에게서 흔히 볼 수 있는 광경이었지만 이번만큼은 전례 없이 큰 규모로 이루어졌다. 그 결과 타타르족은 더 이상 독립적인 부족으로 존재하지 않게 되었다.

1203년에 자무카와 옹칸은 남은 부족들을 끌어 모아 대군을 형성한 뒤, 붉은 버드나무Red Willows 땅에서 테무진과 전투를 벌였다. 수적으로 매우 불리했던 테무진의 군대는 연합적군과의 싸움을 무승부로 이끌었지만 피해가 막심해 철수할 수밖에 없었다. 결국 붉은 버드나무 전투에 참전한 테무진의 약 2만 명 병사 중 살아남은 이는 고작 하루 새에 2600명밖에 안 되었다. 테무진과 잔존병들은 동북쪽으로 퇴각하다가 발주나라는 작은 호수에서 멈춘다. 서사시에 다음과 같은 단락이 있다.

테무진 곁에 남은 몽골 병사들에게 닥친 시련은 이제 한 사람 앞에 말이 한 필밖에 없다는 것과 (대개는 세 필) 행렬을 선도할 말이나 짐을 나를 동물도 없다는 것(화물차를 빼앗겨서), 그리고 은신할 곳이라곤 천막 대신 숲속 나무들밖에 없다는 것이었다.[21]

발주나의 상황도 다르지 않았다. 이 시기 호수는 물이 거의 말라 있어 물을 마시려면 흙탕물을 걸러야 했다.[22] 테무진의 무관은 충성스러운 수부타이를 비롯해 단 몇 명밖에 남아 있지 않았다. 몽골은 싸움에서 패한 지도자를 버리고 새 거처를 찾는 것이 관습이었기 때문이다. 테무진은 역경을 함께해준 충성스런 부하들을 결코 잊지 않았다. 마오쩌둥이 옌안延安을 향해 오랜 행군을 할 때 그와 함께했던 병사들처럼 혹은 아쟁쿠르 전투에서 헨리 5세와 함께했던 '극소수의 용사들'처럼, 발주나에 함께 있었던 부하들은 이후 죽을 때까지 대칸을 가장 가까이에서 보좌했다. 테무진은 이들에게 테르칸이라는 특별 군사제도를 만들어 부와 명예를 주었다. 중범죄라 하더라도 아홉 번의 사면권이 각각 주어졌고 칭기즈칸의 거처를 언제든지 자유롭게 드나들 수 있었다. 전우들에게 감사하는 테무진의 마음은 페르시아 문헌에 드러나 있다.

> 곤경에 처한 자신을 홀로 내버려두지 않은 그들의 충성심에 감동을 받은 테무진은 자신의 두 손을 꼭 마주잡고 하늘을 올려다보며 앞으로 자신은 기쁨과 슬픔을 그들과 함께하겠노라 약속하고 만약 약속을 저버린다면 발주나의 흙탕물이 되리라 맹세했다. 그리고 테무진이 바로 그 흙탕물을 마시자, 무관들이 연이어 한 명씩 그 물을 받아 마시면서 결코 떠나지 않겠다고 맹세했다. 그날 발주나에서 맹약한 칭기즈칸의 무관 19인은 훗날 충성심의 대가로 엄청난 보상을 받았다.[23]

이들 중에는 오래전 자신이 했던 맹세를 충실히 지키며 지휘관 곁에서 사나운 몽골의 바람을 막아주었던 수부타이도 있었다.

1년이 채 못 되어 테무진은 자신의 씨족을 규합하고 군대를 재정비한 뒤 옹칸의 군대를 기습 공격해 좁은 통로에 가두었다. 이번에는 실수가 없어야 했다. 비록 옹칸과 그의 아들은 탈출했지만 케레이트군은 궤멸되었다. 테무진은 남아 있는 케레이트군을 자신의 군대로 잡아가 노예로 만들었고 케레이트족은 더 이상 독립적인 민족으로 존재하지 않게 되었다. 그리하여 1203~1204년 겨울 테무진은 몽골 동쪽과 중앙 지역을 모두 통치하는 지배자가 되었다. 이제 서쪽의 나이만족만 남았다. 쥐의 해인 1204년 여름, 테무진은 수천 명의 병력으로 이루어진 자신의 군대를 분할해 지휘관들을 임명하고, 야간 초병 80명, 주간 초병 70명을 선발했다. 그리고 암말의 젖으로 만든 헌주신에게 바치는 술를 아홉 개의 말총으로 된 영기靈旗에 뿌리며 하늘을 향해 출전 신호를 보낸 뒤 나이만족 공격에 나섰다.[24]

군대의 규모는 8만 명에 육박했다. 테무진은 나이만족의 영토에 조심스럽게 접근했다. 전투가 벌어지면 나이만군이 수적으로 앞서리라는 것도 알고 있었다. 나이만 전사들은 사납기로 이름을 떨쳤고, 지휘관들은 투지가 넘치고 저돌적인 성향으로 알려져 있었다. 하지만 테무진은 나이만족의 왕인 타양칸이 그리 훌륭한 장수가 아니라는 사실도 알고 있었다. 테무진은 이번 전쟁을 치르기 오래 전에 이미 타양칸을 두고 '나이만은 수적으로는 강하지만 그들의 칸은 거처 밖으로 나와본 적조차 없는 약한 남자'[25]라고 평가했다. 하지만 옛말에 당나귀가 이끄는 사자 무리는 사자가 이끄는 당나귀 무리보다 위험하다고 했듯이 군대가 강력하면 약한 지휘관도 위협적인 존재가 될 수 있다! 그래서 나이만 땅에 접근한 테무진은 야간 숙영을 할 때 각 병사에게 장작불을 다섯 개씩 피우라고 지시했다. 군대의 규모를 실제보다 훨씬 더 커 보이게 하기 위해서였다.

나이만족 장수들은 곧바로 테무진을 공격하기를 바랐다. 때는 5월 하순이었는데 이 시기는 몽골족들이 산에 야영지를 남겨둔 채 거의 여섯 달 동안 제대로 먹지 못해 홀쭉해진 힘없는 말을 끌고 평원으로 내려와 신선한 풀을 뜯게 하는 때였다. 그러면 적어도 한 달 동안은 말을 전쟁에 투입할 수 없었기 때문에 테무진의 군대는 이때의 전력이 가장 약했다. 그런데 나이만의 타양칸은 테무진의 야영지에서 수많은 불꽃이 어른거리고 있다는 보고를 받은 직후, 적군의 규모가 아군보다 더 크다는 생각에 두려움을 느끼고는 이내 고민에 빠졌다. 타양칸은 공격 명령을 내려달라는 지휘관들의 간청을 뿌리쳤다. 오히려 전략상 후퇴를 감행해 몽골군이 지친 말을 타고 억지로 쫓아오도록 만들자는 제안을 했다.

> 만약 우리가 이 길로 질서 정연하게 퇴각하고 산길 반대편에서 군대를 재정비하면서 앞뒤로 행군하고 후퇴하는 척 저들을 유인하면서 소전투를 계속 벌이며 알타이 산맥 너머로 되돌아간다면…… 그때 몽골 말들은 지칠 것이고 우리는 다시 저들의 정면에 나설 수 있을 것이다.[26]

이것은 '거처 밖으로 나와본 적이 없는' 장수에게 걸맞은 (잘만 하면) 좋은 작전이었다. 타양칸의 장수들은 한 달 넘게 논쟁을 계속하다가 칸의 아들인 셍굼이 공격 의지를 참지 못하고 아버지를 설득하기에 나선 뒤에야 잠잠해졌다. 그리하여 '나이만족은 나쿠 산 벼랑 동쪽 끝을 지나 오르콘 강을 건너고 타미르 강 유역으로 돌진했다. 이들이 차키르마우트에 당도했을 때 테무진 군대의 보초병이 그 광경을 볼 수 있었다.'[27] 공격 지연은 오히려 테무진에게 잘된 일이었다. 말들이 건강해졌고 군사들은 전쟁 준비를 마친 상태였으며 보초병들은 나이만족에게 기습의 여지를 주지 않았다.

몽골 서사시는 전투를 구체적으로 묘사하고, 또 제베가 지휘한 4개의 연대 기동부대 중 천호(연대)를 맡은 지휘관으로서 수부타이의 공적을 처음으로 이야기하고 있다. 전해 내려오는 몽골군의 작전 명령이 몇 가지 있는데, 그중 행군 명령으로 '풀처럼 두껍게' 하라는 것이 있다. 이는 아마도 행군할 때 연대를 견고한 부대처럼 만들어서 적의 공격을 버텨내고 공격할 때는 그 효과를 최대한으로 하라는 뜻으로 보인다.[28] 전쟁터에 나간 부대는 '호수 대형'을 펼치고 '송곳'처럼 공격할 태세를 갖추었다.[29] 그런데 불행히도 우리는 이 용어들이 어떤 대형, 어떤 전술을 의미하는지 알지 못한다. 테무진은 나이만족이 공격적이라는 것을 알고 전방부대에 즉시 공격 명령을 내렸다. 본문을 통해서는 나이만족이 탁 트인 평원에서 전투에 앞서 부대를 집결시키고 있을 때 테무진이 적의 허를 찔렀다는 인상을 받게 된다. 파쇄 공격은 성공적이었고

아군 전진부대가 나이만군을 차키르마우트에서 몰아냈다. 적군은 후퇴하여 산맥 끝자락 나쿠 산 벼랑 앞에서 대열을 재정비하고 있었다. 아군 전진부대는 그들을 압박하여 나쿠 산 벼랑 앞으로 몰아갔다.[30]

『일리아드』와 마찬가지로 몽골 서사시도 높은 곳에서 자신의 군대와 눈앞에서 펼쳐지는 전투를 훤히 내려다보는 지휘관의 눈으로 대전투를 묘사하고 있다. 나이만 타양칸이 동맹인 자무카에게 묻는다.

마치 이리가 양떼를 쫓는 것처럼 맹렬히 추격해오는 저들은 대체 누구인가? 자무카가 대답한다. "나의 테무진 형제는 네 마리의 충견을 사람의 고기로 길러 사슬을 채워 묶어놓았다. 저 네 마리 개는 무쇠 이마에 끌 주둥이, 송곳 혀, 강철 명치에 칼 채찍을 가지고 있으며 이슬을 먹고 바람을 타고 다닌다. 교전하는 날 양식으로 사람의 고기를 먹는 자들이다. 화가 나서 으르렁대던 것들이 이제 사슬을 벗고 기뻐서 저렇게 침을 흘리며 오고 있는 것이 아니겠는가?

저 네 마리 개는 바로 제베와 쿠빌라이, 젤메 그리고 수부타이이다."**31**

맹렬한 공격에 겁을 먹은 나이만족 타양칸은 산꼭대기로 군대를 후퇴시켰다.

수부타이가 야전 지휘관으로 맹활약한 내용이 이 대목에 처음 언급됨으로써 그의 연대가 다른 세 연대와 협력하고 있었음을 알 수 있다. 칭기즈칸이 훗날 치렀던 전쟁들을 다루는 문헌에는 네 마리 충견과 같은 특수부대의 활동이 이따금씩 언급되고 있다. 이 부대들은 다른 전투에서도 활약했는데, 지휘관들은 때에 따라 네 격류, 네 행로, 네 영웅으로 불리기도 한다. 테무진이 순전히 능력과 경력 위주로 지휘관을 뽑았다는 사실은 차키르마우트 전투에서 활약한 네 마리 충견 중 테무진 부족 출신은 아무도 없었다는 점만 봐도 확실히 알 수 있다. 쿠빌라이는 다른 부족의 왕자였고, 제베는 타이치우트 씨족 출신이었으며, 젤메와 수부타이는 우랑카이족이었다. 수부타이가 차키르마우트에서 연대를 지휘했다는 점은 그가 군사전략가인 동시에 유능한 전투 지휘관이었다는 사실을 잘 보여준다. 시 속에서도 네 마리 충견이 맹수 같은 성질로 소문난 부대들을 이끄는 최고의 야전 지휘관이었다는 사실을 확인할 수 있다. 차키르마우트 전투에서 이들은 기동 기습 부대로 활용되었던 듯한데, 이는 마치 사방에서 적의 대열을 뚫고 후방을 관통한 뒤 진형을 흩트리는 현대전의 기갑부대전차와 장갑차를 주력으로 삼아 기동력과 화력을 높인 지상 작전 부대와 흡사하다. 본문에서는 이 점을 두고 '마치 이리가 양떼를 쫓는 것처럼 맹렬히 추격해온다'고 표현하고 있다. 어쩌면 적 지휘관을 공격해 지휘 능력을 떨어뜨리는 것이 이들의 임무였을 수도 있다. 현대전에서는 이 전술들을

'종심전투'의 일부분으로 여기고 있는데, 사실 종심전투는 몽골군에 의해 탄생해 훗날 서양 군대에 전해진 개념이라고 볼 수 있다.

하루 종일 맹렬하게 이어진 전투에서 상황이 더욱 나빠진 나이만족은 나쿠 산 벼랑 위로 퇴각할 수밖에 없었고 밤이 되어서야 싸움이 끝났다. 나이만족은 어둠을 틈타 탈출을 시도했다.

> 어둠 속에서 도망치던 나이만은 나쿠 산 벼랑의 절벽으로 떨어져 서로의 시체 위로 계속 쌓였다. 뼈가 부서지도록 넘어지고 떨어져 마치 썩은 나무더미처럼 쌓였고 결국 서로에게 짓눌려 함께 깔려 죽고 말았다.[32]

날이 밝아오자 테무진은 타양칸과 그의 지휘관들을 둘러싸고 공격을 재개했다. 자무카가 비겁하게 도망쳤음에도 그들은 철저하게 싸우다가 죽었다. 나이만족에 대해 본문에서는 '알타이의 남쪽에서 섬멸되었다'[33]고 쓰여 있는데 이것은 아마도 타타르족처럼 '수레바퀴 높이에 따라 측정'되었다는 의미인 듯하다. 그리하여 몽골에서 테무진의 야망 앞에 놓여 있던 마지막 걸림돌이 차키르마우트에서 그렇게 무너졌고 남은 것은 소수의 저항군뿐이었다. 그해 말 테무진은 메르키트족도 공격해 승리를 거두었다. 하지만 메르키트족 왕자들이 달아나자, 이듬해인 소의 해(1205)에 테무진은 메르키트족의 마지막 왕자와 그 추종자들을 모조리 찾아 죽이라고 수부타이에게 지시했다.

『몽골비사』에서 수부타이의 전투활동에 관한 이야기가 자세히 기술되어 있긴 하지만 다소 헷갈리거나 설명이 필요한 부분도 있다. 시의 도입부부터가 난관이다. "소의 해에 테무진은 수부타이의 군대를 철수레로 무장시켜 톡토아베키의 아들들과 그 추종자들을 쫓게 했다."34 폴 칸과 프랜시스 클리브스는 테무르 테르겐이라는 말을 '철수레'로 번역한 반면, 르네 그루세는 수부타이가 험한 지역과 협곡에서 메르키트족을 추적하는 데 사용된 특수 전차라는 의미로 '철골 전차'35라고 번역하고 있다. 그러나 이와 같은 주장은 몽골족이 언제나 그런 험난한 지형에서 전투를 치렀고 메르키트족과의 전투를 전후로 철수레를 사용했다는 증거도 없기 때문에 설득력이 떨어진다. 철수레를 언급한 부분은 다소 난해하지만 몽골군이 일찍이 철을 사용했음을 짐작케 한다.

몽골족의 전쟁사를 살펴보면, 테무진의 군대는 적은 양의 철제 무기와 도구를 사용했을 것으로 추측된다. 창과 화살은 대부분 불에 달군 나무로 만들어졌으며, 『몽골비사』에는 이 무기들을 제조하고 끝을 뾰족하게 하는 데 사용된 '화살칼'이 여러 번 언급되고 있다. 갑옷과 투구는 금속이 아니라 삶은 가죽으로 만들어졌는데 젖은 상태에서 모양을 잡으면 마르면서 형태가 완성되었다. 유목민인 몽골족이 주기적으로 이동하고 주거 형태도 불안정했던 것은 대체로 야금 기술과 관련이 있다. 대신 몽골족은 삼림 부족들과의 거래에 의존하며 철기를 제공했고 자르치우다이 같은 떠돌이 대장장이들은 봄에 몽골족을 찾아와 철제 무기와 각종 도구들을 수리하거나 새 물건을 팔았다. 몽골 여성들이 철제 무기를 줍기 위해 전쟁터를 돌아다녔다는 이야기에 비추어볼 때, 이 시기에 철제 화살촉과 창촉이 어느 정도 사용된 것만은 분명하다. 1206년에 시작된 중국과의 전쟁에서 몽골족은 중국의 철기군을 접하게 된다. 그 후 몽골은 철제 무기와 투구를 비롯해 철기 일체를 대규모로 수용하기 시작했다. 이슬람 및 서구 세력과의 전쟁에서 몽골은 금속공들을 살육 대상에서 제외시키고 몽골로 데려가거나 군대에 배치해 장비를 계속 손볼 수 있게 했다. 러시아에서는 금속공의 인재 유출이 워낙 심각해 몽골군이 휩쓸고 간 뒤 기술자들을 다시 길러내는 데 두 세기도 넘게 걸렸다.

이런 이야기를 배경으로 『몽골비사』를 통해 철수레와 대장장이의 아들인 수부타이와의 관계를 유추해보는 것은 흥미로운 일이다. 수부타이는 아마 몽골군에 새로운 요소를 도입하기도 했을 것이다. 이러한 추측에는 두 가지 가능성이 있다. 첫째, 군대가 장기간에 걸쳐 먼 곳에서 큰 전투를 벌이면 수리해야 할 철제 무기와 갑옷, 다른 도구 등이 점점 더 많아지기 때문에 이동식 대장간이 필요한데 그 대장간이 바로 철수레라는 점이다. 1205년에는 테무진의 군대가 철제 무기를 광범위하게 사용하지 않았지만 『몽골비사』는 철제 무기가 흔히 사용되던 1240년과 1260년 사이에 쓰였다. 아마 연대기 작가가 자기 시대의 상식을 수부타이 시대에 적용한 것일 수도 있다. 이런 일은 고대 연대기에서 흔히 나타난다. 예컨대 성경에서는 다윗의 군대가 '철 병거'를 사용한 것으로 나타나 있지만 이는 사실과 다르다. 아마도 다윗 사후 4세기나 지난 뒤(아시리아인들이 금속 바퀴 테를 단 커다란 기갑전차를 도입하면서 '철 병거'라는 말이 생겨난 시기)에 썼을 성경 연대기 작가가 연대기를 단순하게 수정하면서 다윗의 군대에도 같은 시대적 사실을 적용한 듯하다.[36]

둘째, 수부타이가 철에 관한 지식을 갖추고 있어서 몽골 군대의 고질적인 기동성 문제를 해결하는 방법을 제시했을 수 있다는 것이다. 몽골 전차에는 기원전 3000년대부터 고대 수메르와 이집트에서 흔히 발견되던 단단한 나무바퀴가 달려 있었다. 이 바퀴는 바퀴살이 없고 가운데가 뚫려 있지 않아 만들기는 쉬웠지만 험준한 지형에서는 망가지기 일쑤였는데 이는 수메르와 이집트 군대도 겪었던 문제였다. 대체로 나무가 없는 초원이나 가파른 산에서 활동했던 몽골군이 망가진 전차 바퀴를 고칠 나무를 구하기란 그리 쉬운 일이 아니었다. 대장장이의 아들인 수부타이가 나무 바퀴 대신 중국과 서양에서 오래전부터 사용했던 철테 바퀴를 제작하자는 해결책을 내놓았을 수도 있다. 철테 덕분에 바퀴는 더욱 튼튼해졌고 거친 지형에서 파손되는 일이 줄어들었다. 철수레는 『몽골비사』에 딱 두 번밖에 나오지 않으며 두 번 모두 수부타이에 관한 내용이다.

그런데 R. P. 리스터는 칭기즈칸을 다룬 역사서에서 수부타이와 철수레에 관해 또 다른 해석을 내놓고 있다. "수부타이는 곧 거구로 성장했다. 초원에는 그를 태우고 멀리 갈 수 있는 말이 없어 그는 대부분 철전차를 타고 다녔다."[37] 하지만 안타깝게도 리스터의 저서에는 수부타이가 비대했다는 주장을 뒷받침해주는 인용이 없다. 그림 1.1은 중국 『신아시아 논집』에 있는 수부타이의 초상으로 지금까지 유일하게 전해져 내려오는 것이다. 호랑이를 공격하는 듯한 모습의 이 초상화는 수부타이가 분명 흉포한 전투사임을 말해주지만 그림 속의 수부타이는 결코 뚱뚱하지 않다. 같은 연대기에 실린 다른 몽골 장군들의 모습과 비교해봐도 크게 다르지 않다. 게다가 『몽골비사』에서는 수부타이와 네 마리 충견이 나이만족과의 전투에서 용감하게 싸운 지 1년도 채 되지 않은 시점인 1205년에 수부타이와 철수레에 관한 내용이 등장한다. 그 후 1221년에 대규모 기마군단을 이끄는 수부타이와 제베는 말을 타고 1600킬로미터 이상을 이동해 카스피 해 주변을 습격한다. 그러다가 1224년 칭기즈칸이 수부타이를 다시 중앙아시아의 막사

그림 1.1 　중국 문헌 속 수부타이의 초상

로 불러들이자, 수부타이는 칸의 명령을 받아 말을 타고 홀로 1600킬로미터가 넘는 여정을 떠났다. 수부타이가 철전차를 타야 할 정도로 뚱뚱했다면 이런 일은 결코 불가능했을 것이다.

수부타이가 처음으로 독립적인 군대를 맡는 고위 전투 지휘관으로 임명되었을 때, 그의 나이는 서른 살이었다. 비록 그가 연대급 전투 지휘관으로서 강한 면모를 보여주긴 했지만 메르키트 왕자들을 추적하는 임무를 맡기 전까지는 여러 연대로 이루어진 대군을 단독으로 지휘해본 적이 없었다. 이전의 경험들은 전체 지휘 아래 작전부대에 속한 일부 부대를 지휘하며 쌓은 것이었다. 수부타이는 메르키트족을 잡아들이라는 명령을 받음과 동시에 처음으로 크고 독립적인 지휘권을 얻어 본거지와 멀리 떨어진 곳에서 작전을 펼치게 되었다. 몽골 서사시는 수부타이가 테무진에게 직접 받은 지시 내용을 상당히 자세히 다루고 있다. 그 지시들 중 첫 번째는 수부타이에게 결단력과 용기를 가지라고 역설하는 테무진의 담대한 이야기로 시작된다. 테무진이 수부타이에게 말하기를

> 그들이 메르키트족 날짐승이 되어 하늘로 날아오르면 그대 수부타이는 송골매가 되어 날아가 잡도록 하라. 만약 땅굴토끼가 되어 발톱으로 땅을 파고 들어가면 그대는 쇠지레가 되어 두들겨가며 찾아내서 잡아버려라. 물고기가 되어 바다로 들어가면 그대 수부타이는 투망이나 예인망이 되어 모조리 잡아 올리도록 하라.[38]

하지만 테무진이 수부타이에게 내린 지시 가운데 두 번째 부분은 다소 어리둥절하다. 그가 지휘관인 수부타이의 지위와 경험에 전혀 필

요하지 않을 듯한 아주 기본적인 몽골 군사기술을 활용하도록 지시하고 있는 것처럼 보이기 때문이다. 테무진이 수부타이에게 지시하기를

> 또한 그대는 높은 고개를 넘고 큰 강을 건너가라. 갈 길이 먼 것을 생각해서 군마가 야위기 전에 아껴라! 말이 몹시 지치기 전에 체력을 보존하도록 하라! 거세마가 야위어버린 뒤에는 아껴도 소용없다.[39]

테무진은 아마도 수부타이가 몽골 초원 출신이 아니라는 점과 우랑카이족인 그가 몽골족을 만나기 전까지는 말도 탈 줄 몰랐다는 점을 떠올린 모양이다. 이러한 내용은 몽골 하급 무관들에게도 상식이나 다름없었기 때문에 특별히 수부타이에게 당부하는 것이 이상하게 보일 수는 있다. 반면 몽골 서사시에서는 다른 서사시와 마찬가지로 그저 독자의 이해를 돕거나 흥미를 돋우기 위해 꽤 자세하게 묘사했을 수도 있다. 테무진이 수부타이에게 쓰는 '화법'은 다른 서사시에 등장하는 전투 지휘관들이 쓰는 화법과 비슷하면서 순수하게 시적인 느낌도 준다.

이야기 내내 테무진은 수부타이에게 계속해서 기본적인 군사기술을 알려준다. 이번에는 먼 곳으로 오랜 행군을 할 때 군대를 잘 유지하는 법에 대해 이야기한다.

> 군량이 다 떨어져버린 뒤에는 아껴도 소용없다. 그대들이 가는 길엔 사냥감이 많다. 멀리 생각하여 행군 중에 병사를 사냥감에 달려

들게 하지 마라! 정해진 만큼만 사냥해라! 군량을 보충하려고 병사들에게 사냥을 시킬 때에는 기준을 정해주고 사냥하게 하라![40]

그리고 또다시 말을 적절하게 활용하는 법을 알려준다. "그렇게 기준을 정해놓고 사냥할 때 외에는 반드시 병사들이 안장 후걸이를 매지 못하게 하라! 말에 굴레를 씌우지 말고 느슨하게 하고 다니게 하라!"[41] 안장 후걸이와 굴레가 헐렁하면 말이 피로감을 덜 느낄 뿐 아니라 기마병들이 기분 내키는 대로 사냥감을 쫓을 수가 없다. 이어 테무진은 오랜 행군에서 무너지게 마련인 군사 규율을 지휘관이 책임지고 지켜내야 한다고 수부타이에게 말한다. "이렇게 정해진 군율을 위반하는 자들은 반드시 붙잡아다가 때리도록 하라! 명령을 위반한 자들 중에 우리에게 알려야 할 만한 자들은 우리에게 보내라! 우리에게 알리지 않아도 될 만한 자들은 거기서 베도록 하라!"[42] 마지막으로 테무진은 작전을 실행할 때 늘 상위 전략 목표를 생각해야 하며 지휘관은 그 전략을 실행하는 데 조금도 망설임이 없어야 한다고 충고했다. "강의 저쪽으로 헤어질 그대들은 이 도리대로 행하라! 산의 저쪽으로 흩어질 그대들은 다른 것을 생각하지 마라!"[43] 물론 테무진의 조언은 유익하지만 남다른 전략적 통찰력을 지녀 자신의 신뢰를 받고 있는 이 연대 (상급) 지휘관에게 군이 이런 기초적인 것들을 일러주는 것이 옳은지는 알 수 없다. 『몽골비사』 속 다른 부분들을 살펴보면 테무진이 지휘관들에게 전술 지시를 내리는 모습은 찾아볼 수 있지만 수부타이에게 내린 지시만큼 구체적이고 초보적인 수준의 내용은 더 이상 찾을 수가 없다. 아마 수부타이가 몽골 초원지대 출신이 아닌 데다, 테무진이 수부타이의 군인정신은 높이 샀지만 그가 더 큰 지휘권을 단독으로 발휘할 수 있을지 확신이 서지 않았기 때문이었을 것이다. 그 렇다면 수부타이를 메르키트족과의 전투에 내보내 처음으로 대규모 단독 작전을 지휘하게 한 것은 수부타이의 능력을 시험하기 위해서였 는지도 모른다. 몽골 서사시에는 수부타이가 시험을 통과한 것으로 기록되어 있다. "그리하여 용감한 수부타이는 철수레를 이끌고 전쟁터 로 떠났다……. 추 강의 강둑에서 톡토아베키의 아들들을 덮쳐 적군 을 괴멸시킨 뒤에 돌아왔다."[44]

수부타이가 남아 있는 메르키트족을 섬멸하는 동안 제베는 나이 만의 마지막 왕자를 추적하고 있었다. 자무카도 붙잡혀 처형되었다. 1206년 호랑이의 해 5월, "모든 모전 천막 거주자들을 정비한 몽골 씨 족은 오논 강 발원지에 모여 아홉 개의 말총으로 된 흰 영기를 세우고 테무진을 대칸으로 추대했다."[45] 거의 50년 만에 모든 몽골 씨족이 단 한 명의 민족 지도자의 지휘 아래 통일된 것이다. 그 지도자의 이름은 바로 칭기즈칸이었다. 칭기즈칸은 곧바로 제국군을 편성하기 시작했 다. 씨족들의 군대가 연합하자 각 1000명씩 95개의 천호를 편성할 수 있었다. 칭기즈칸은 개인적으로 연대 지휘관을 선발해 그들을 모두 밍 간노얀, 즉 천호장千戸長으로 임명했다.[46] 그리고 그 가운데 수부타이 가 있었다. 칭기즈칸은 지휘관을 임명할 때 특히 수부타이를 포함한 네 마리 충견을 칭찬했다. "그대들은 강한 자의 목덜미, 장사의 허리 를 부러뜨렸네. 그대들에게 의도한 곳으로 '가라!'고 명령하면 그대들 은 바위라도 가르고 사나운 급류조차 가로질렀네. 전투의 그날이 오 면 그대들은 그렇게 내 앞에 서서 내 마음을 편안하게 해주었네"라고 칭기즈칸이 외쳤다.[47]

연대급 병력의 부대는 원래 몽골군에 존재하고 있었지만 칭기즈칸은 영토 정복 계획을 의식해서인지 1만 명을 충원해 부대를 신설했다. 만호萬戶라 불리는 이 신설 부대는 향후 중국, 이슬람, 최종적으로는 서구 세력과의 전쟁에서 명성을 얻게 된다. 칭기즈칸은 새롭게 만든 세 만호 가운데 우익은 보오르추에게, 좌익은 무칼리에게, 중군은 나야아에게 맡겼다. 하지만 가장 중요한 것은 칭기즈칸이 "제베와 수부타이는 스스로 획득한 자들, 자기네가 데려온 자들로 천호를 편성케 하라!"[48]라고 말한 부분이다. 『몽골비사』는 이 대목에서 제베와 수부타이가 새 몽골군의 첫 오를로크로 지명된 것으로 기술하고 있다. 오를로크는 원래 '독수리'를 뜻하지만 군사 지휘 체계 용어로 제베와 수부타이는 육군 원수가 된 것이었다. 그날 이후 칭기즈칸이나 훗날 등장하는 그의 아들 오고타이칸은 군사작전을 수립하거나 실행할 때 꼭 수부타이와 상의했다.

칭기즈칸이 자신의 군대를 이끌 무관으로 두 사람을 선택한 것을 보고 역사가들은 그가 중요한 직책에 맞는 인재를 고르는 안목이 탁월하다는 것을 인정한다. 제베와 수부타이는 비슷한 구석이 하나도 없었다. 제베는 테무진의 부하가 되기 전부터 이미 상당한 전투 경험을 쌓아온 위풍당당하고 저돌적인 장수였다. 타이치우트 씨족과 싸웠던 한 전투에서 테무진이 타고 있던 말이 등에 화살을 맞은 일이 있었다. 그런데 나중에 타이치우트족이 전투에서 패배했을 때 젊은 전사 한 명이 말을 타고 테무진의 막사로 들어왔다. 그가 바로 제베였다. 제베는 테무진에게 자기가 말을 쏘았다고 말했다. 제베의 용감함에 깊은 인상을 받은 테무진은 제베를 살려주고 자신의 부대를 지휘하게 했다. 그날 이후 제베는 테무진의 부하들 가운데 가장 용감한 장수가 되었으며 『몽골비사』에서도 그의 업적을 칭송하고 있다.

반면 몽골 서사시에는 수부타이의 전투력에 대한 묘사가 거의 없다. 실제로 본문에는 수부타이가 아무리 연대급 지휘를 잘했어도 테무진은 그가 실전에서 그만큼 잘해낼 수 있을지 의심스러워했다는 내용의 암시가 담겨 있다. 하지만 수부타이는 날카로운 판단력을 보유한 사람이었으며 처음에는 천막 문지기 소년이었으나 나중에는 회의 참가자로 수년간 군사회의에 참석했다고 중국 문헌에서 말하고 있다. 테무진은 수부타이의 지성은 물론이고 작전 수립 과정에서 전략과 전술을 지배하는 그의 능력에 점점 더 감동을 받게 된다. 물론 테무진이 칸이 되기 위해 치렀던 수많은 전쟁, 전투, 작전에 수부타이가 얼마나 많은 계획을 세우고 영향을 끼쳤는지 우리는 알 수 없지만 그의 영향력은 상당히 컸을 것이다. 어쩌면 테무진은 수부타이가 과연 야전 지휘관에 적합한가 하는 의문을 잠시 묻어두었을 수도 있다. 다른 몽골 전사들에게 용기와 군인정신이 부족한 것도 아니었다. 유능한 야전 지휘관은 쉽게 구할 수 있었지만 수만 리나 떨어진 곳에서 대규모 군사작전을 계획하고 조정할 수 있는 무관은 보기 드물었다. 분명 테무진은 전투를 준비할 때마다 수부타이의 머릿속에 든 생각들을 오랜 시간 지켜보았을 것이다. 칭기즈칸이 되어 몽골 제국군을 창설한 뒤에는 가장 훌륭한 무관에게 군대를 맡겼다.

이후 칭기즈칸 시대의 군사활동은 수부타이의 전략 설계를 거쳐 가는 경우가 많았다. 그중에서 가장 중요한 군사활동이 바로 금나라와의 전쟁(1211~1216), 서쪽의 흐와리즘 이슬람 제국과의 전쟁(1219~1224), 러시아 및 서방 세력과의 전쟁(1237~1242)인데 이 사건들에 대해서는 이어지는 장들에서 자세히 분석하기로 한다. 이러한 모든 군사활동에 수부타이가 출정해 작전을 지휘했다. 물론 전투의 구상과 실행을 최종적으로 결정하는 사람은 칭기즈칸이었지만 작전 수립은 수부타이와 그의 막료들 몫이었다. 훗날 이 막료에는 몽골인은 물론이고 중국인과 이슬람 세계의 전문가들까지 등용되었다. 칭기즈칸이 사망한 뒤 그의 아들 오고타이칸은 모든 군사 기획과 감독 권한을 수부타이에게 맡겨두었다. 칭기즈칸과 오고타이칸이 왕자들을 명목상 지휘관에 임명해두기는 했지만 군사작전을 지휘할 실권은 수부타이에게 있었다. 예를 들면 러시아 및 서방 세력과의 전투에서 바투가 명목상의 지휘관이었지만 실제로 전투를 계획하고 지휘한 것은 수부타이였다. 한 예로, 수부타이와 바투의 의견이 엇갈릴 때는 수부타이가 이겼다. 또한 수부타이는 상관인 바투가 직접 내리는 지시를 따르지 않았는데, 이는 나이 어린 바투가 어딘가 주눅이 들어 있었음을 뜻한다. 칭기즈칸과 오고타이칸은 수부타이의 뛰어난 재능이 얼마나 귀한 것인지 잘 알고 있었기 때문에 콧대 높은 왕자들을 달래려고 그의 가치를 저버리는 일 따위는 하지 않았다.

몽골의 병기

칭기즈칸과 그의 후계자인 아들들이 제국을 통치하던 시기에 몽골군은 세계에서 가장 능률적이고 효과적인 군사 조직이었다. 정치적, 군사적으로 능력 있는 여러 지도자가 이끄는 몽골군은 중국과 중부 유럽 사이에서 겁 없이 시비를 걸어오는 모든 군대를 제압했다. 몽골군은 적과 교전을 벌일 때마다 거의 예외 없이 수적으로 상당히 불리했다. 그리고 거의 모든 주요 전투에서 보급로가 무척 길어 위태로운 작전을 펼쳐야 하는 어려움을 겪었고 병참 업무나 방어 방법 면에서는 적에게 한참을 뒤진 채 싸워야 할 때도 많았다. 어떤 면에서는 군사 장비조차 적의 수준에 미치지 못했고 서양인 계통의 병사들은 대칸의 병사에게 요구되는 험난한 생활 방식에 쉽게 적응하지 못했다. 이토록 어려운 여건이 많았음에도 불구하고 어떤 점에서는 몽골군이 알렉산더와 카이사르의 군대가 이룬 업적을 뛰어넘는 전쟁 역사상 가장 성공적인 군대였다.

몽골 사회는 봉건주의 체제를 갖췄다. 각 부족은 각각의 칸이 다스렸다. 칸 밑에는 강력한 봉건 귀족인 노얀이, 노얀 밑에는 기사에 해당되는 바투르가 있었다. 이들은 같은 시기 중세 유럽과 비슷한 군사 귀족 체제를 형성했다. 귀족 밑에는 개개의 자유민이 다수를 이루었으며 자유민 밑에는 노예가 있었다. 때때로 부족과 씨족이 끊임없이 충돌하다가 씨족 전체가 패망해 승리한 부족의 농노로 전락하기도 했다. 각 부족은 부계 씨족으로 나뉘어 저마다 오르두를 이루었다. 오르두는 쉽게 말해 막사를 뜻한다. 이 단어는 서양으로 흘러들어가면서 몽골족의 막사가 침략군과 관계있다고 하여 '무리horde'라는 단어가 되었다. 그리하여 '몽골 군단Mongol horde'이라 부르게 된 것이다.

예부터 몽골 각 부족 내 씨족들은 노예, 여성, 말, 방목권을 두고 서로 싸웠다. 칭기즈칸이 씨족들을 통일한 뒤에는 법으로 이런 갈등을 금지시키고 그 법을 어기는 자들은 사형에 처하도록 규정했다. 그리하여 칭기즈칸은 끊임없이 내적 갈등을 겪었던 몽골 민족 전체에 평화를 가져올 수 있었다. 몽골 '민족'은 사실 칭기즈칸이 무력으로 통일시킨 여러 초원 부족들(메르키트족, 케레이트족, 타타르족, 나이만족 등)의 연합이었다. 대칸 자신의 부족 이름이 몽골족이었기 때문에 다른 여러 부족도 자연히 몽골족이라 불리게 된 것이다. 정체성이 점점 더 몽골 민족으로 흡수되어간 씨족이나 부족도 많았다.[1] 칭기즈칸의 부족 토템은 몽골 연합의 민족적 상징이 되었다. 야크의 어깨뼈로 만들어진 이 토템에는 야크의 하얀 꼬리 아홉 개가 달려 있다. 이 영기를 멀리서 보면 마치 그리스 십자가 같았다. 위대한 왕이 동쪽의 이슬람 세력을 상대로 전쟁을 벌이고 있다는 소식이 유럽에 전해지자, 유럽인들은 몽골의 영기가 그리스 십자가와 비슷하니 하나님이 이슬람 이교도들을 처단할 기독교 전사를 보낸 것이 틀림없다고 믿었다.

　몽골군의 구조는 대부분 칭기즈칸의 천부적인 조직화 능력에서 탄생했다고 볼 수 있다. 칭기즈칸은 서기 1206년에 군사적, 정치적 지도력을 발휘하여 초원 씨족들을 통일한 뒤 십진 체계를 기반으로 제국군을 공식 창설했다. 군사 조직에 적용된 십진 체계는 칭기즈칸이 고안한 것이 아니라 예전부터 몽골 부족을 비롯한 여러 부족의 군대들이 전쟁을 치를 때 활용했던 방법이다. 칭기즈칸은 십진 체계를 활용해 진정한 제국군을 만든 인물인 것이다. 전투 지휘관을 임명할 때는 부족의 충성도보다는 능력을 척도로 삼아 진정한 혁명을 이뤄냈다. 그런데 분명한 사실은 군대가 재편되었던 1206년 군사전략가인 수부타이가 이미 칸에게 크게 인정받고 있었다는 점이다. 따라서 군대를 재편할 방법에 대해 칸에게 영향을 준 인물이 수부타이였을 가능성이 없지 않다. 칭기즈칸은 이미 남쪽에 있는 금나라를 정벌할 계획을 세워두고 있었고 수부타이를 비롯한 장수들은 몽골 부족들을 정복한 자신들의 군대가 금나라같이 커다란 적을 공격해 패퇴시킬 만한 조직력을 갖추지 못했음을 분명히 알고 있었다. 전략적 규모로 보아 1000명으로 구성된 천호 부대로는 전력이 부족했다. 그에 대한 해결책은 군사 1만 명을 모아 먼 거리에서 작전을 지속적으로 펼칠 수 있도록 독립적인 기동부대인 만호를 조직하는 것이었다. 몽골 역사상 이 정도로 큰 부대가 편성되기는 처음이었지만 만호 자체도 상위 부대의 일부에 불과했다. 만호에는 새로운 수준의 전투 지휘와 통제가 필요했다. 그리하여 새로 탄생한 계급이 바로 오를로크(원래 독수리를 뜻하지만 기술적인 의미로는 육군 원수)이다.[2] 제베와 수부타이가 첫 육군 원수로 임명된 사실로 보아 새로 편성된 몽골 군사 조직의 두뇌는 칭기즈칸이 아니라 수부타이였을 가능성이 높다.

그림 2.1은 몽골군의 조직도를 나타내고 있다.[3] 가장 작은 부대는 군사 10명으로 구성된 십호이며 바투르라 불리는 무관이 지휘했다. 십

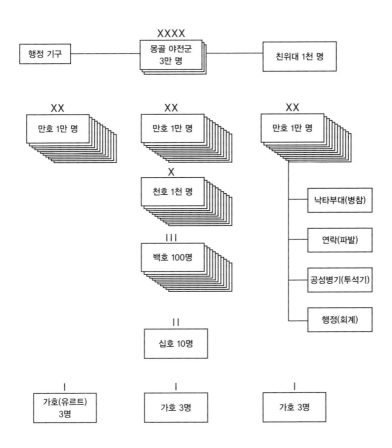

그림 2.1 몽골군 조직도

호 열 개가 모여 100명이 되면 백호라는 중대가 되고 백호 열 개가 모여 1000명이 되면 천호가 만들어졌다. 천호 열 개가 모여 1만 명이 되면 몽골군에서 작전상 가장 큰 전투 단위인 만호가 편성되었다.[4] 몽골 야전군에는 보통 두세 개의 만호가 여럿 있었지만 규모는 언제든지 바뀔 수 있었다. 제국군 창설 초기에는 부족의 충성도에 따라 무관들이 선발되었다. 하지만 군대가 점점 더 커지고 복잡해지자, 그런 방식의 선발은 십호 이하 수준에서만 유지되고 상급 지휘관은 실제 전투역량을 바탕으로 임명되었다. 부대 간 이동은 금지되어 있었기 때문에 군인들은 평생 한 부대에서만 복무했다. 로마 군대와 같은 이러한 관례 덕분에 부대의 사기와 전투 결속력은 크게 올라갔다.

몽골군은 거의 기병대로 이루어져 있어 중기병대가 40퍼센트이고 나머지 60퍼센트는 경기병대였다. 보병대가 기본적으로 편성되어 있지는 않았지만 종종 피정복민에 속한 부대들이(심지어는 민간인들까지) 군에 들어와 특정 군사활동에 투입되기도 했다. 이 부대들은 거의 소모품이나 마찬가지였다. 몽골은 주요 도시나 요새를 공격하기 전에 주로 외딴곳에 있는 방어가 허술한 도시나 마을들을 우선적으로 공격하는 전투 관습이 있었다. 그곳에서 사로잡힌 사람들은 몽골군 앞에서 강제로 총알받이가 되었다. 이 '보병대'는 포위망 안에서 부역을 하거나 도시의 누벽으로 보내져 성벽 수비대에게 끔찍하게 살해되는 경우가 허다했다. 포로로 잡힌 군인들 중 지휘관의 눈에 든 사람들은 요새 수비병이 되거나 보급차를 지키는 경비병으로 일하기도 했다. 하지만 전략상 이 보병대가 차지하는 비중은 극히 적었다.

우리가 몽골군에 대해 알고 있는 지식은 대부분 적의 입에서 나온 것이다. 서양에서는 몽골군에 패한 자신들의 입장을 설명하기 위해 몽골군의 규모를 부풀려서 기록하는 일이 점점 더 많아졌다. 그런데 사실 당대의 몽골군은 비교적 작은 군대였다.『몽골비사』에 따르면 서기 1206년 쿠릴타이 씨족 회의가 열리던 시점에 군사 규모는 단 10만 5000명이었다고 한다. 또한 페르시아 문헌에 따르면 1227년에도 몽골군은 고작 12만9000명밖에 되지 않았다고 한다.[5] 일찍이 나폴레옹은 '모든 양적인 면은 결국 질적인 면에 귀속된다'고 말했다. 몽골군은 거의 모든 전투에서 적군보다 규모가 작았기 때문에 군대가 실제보다 더 커 보이게 하는 술수를 썼다. 그 방법 중 하나로 몽골군은 병사 한 명당 세 필의 말을 교체해가며 전차를 끌게 했다. 지휘관들은 가끔 본대와 함께 이런 교체된 말로 진군했는데 말 위에 지푸라기 인형을 올리거나 때때로 민간인 포로를 말에 묶어두기도 했다. 선두에 '보병'이 된 포로들을 보내면 몽골군은 실제보다 훨씬 더 커 보이게 된다. 가령 몽골 1만호와 지푸라기 인형이 몰고 가는 말 3만 필 그리고 '보병'이 되어 전방에 배치될 민간인 포로 1만 명이면 군사 수는 족히 5만 명 정도 되어 보이므로 실제보다 다섯 배나 더 커지는 셈이다. 몽골군은 전투를 벌이기 전에 포로민 가운데서 선발대를 뽑아 군대의 규모를 부풀려서 소문 내게 한 다음, 적군이 칭기즈칸의 군사 규모를 과대평가하게 만들어 좀더 쉽게 기만전술을 펼치기도 했다.

몽골의 관습상 패한 씨족은 원래의 지도자를 버리고 새 지도자에게 충성을 다하는 것이 미덕이었기 때문에 부족 간 전쟁을 치를 때 인력 충원을 하는 것은 문제가 되지 않았다. 패색이 짙어진 씨족이 끝까지 싸우는 경우는 거의 없었지만 지도자들은 대개 처형당할 것을 알고도 끝까지 목숨을 걸고 싸웠다. 새 몽골군은 수년 동안 계속해서 전쟁을 치러왔고 승리했을 때에도 병자와 부상자는 물론 사상자(제

1차 세계대전 중 영국 막료는 탈락자wastage라는 은어를 사용했다)까지 많이 발생했기 때문에 군 인력 충원에 차질이 생길 수밖에 없었다. 그래서 몽골군은 한때 적이었던 자들을 활용하는 방법을 재빨리 터득했다. 물론 민간인 포로들은 대부분 사살되거나 잠시나마 보병이 되었지만 특별한 재주가 있는 포로들 중에서도 특히 대장장이들은 몽골로 되돌려 보내지거나 전투부대 또는 병참부대로 분산되었다. 공병과 포위 공격에 사용하는 장비를 제작하거나 사용할 수 있는 기술자들 또한 군대로 보내졌다. 하지만 특히 궁기병 장수로 훈련을 받아 가장 쓸모가 많았던 포로들은 몽골군 자체에 배속되어 다시 군인이 되었다.

공교롭게도 몽골의 지배를 받게 된 서쪽 지방 사람들 중 다수는 말과 활을 주요 병기로 사용하는 부족들이었다. 몽골군은 사로잡은 적병들로 아군을 보강하며 오랜 시간 전투를 이어나갔고 삼엄한 감시 아래 가혹한 규율을 내세워 불충하거나 불복종하면 포로의 목숨을 가차 없이 빼앗기도 했다. 몽골군 지휘관들은 전투 중에 전사 부족을 만나면 일시적으로 동맹을 맺어 동맹군 전체를 몽골군에 편입시키기도 했다. 그러나 전투가 끝나고 나면 잠재적인 적을 두는 것을 꺼려 갑자기 새 동맹 부족을 공격하고 부족원들을 모조리 몰살시키기도 했다!

몽골 군인을 단련시킨 환경적, 사회적 요인들은 훌륭한 전투병을 길러냈다. 몽골족은 세 살 때 아버지가 아니라 어머니에게 말 타는 법을 배운다. 다섯 살이 된 아이에게는 활이 주어진다. 그때부터 몽골 남자들은 인생의 대부분을 말 위에서 보내게 된다. 극심한 기온 차, 거센 바람, 부족한 물, 많지 않은 사냥감 등 혹독한 몽골 초원의 환경은 몽골 기병들을 고난으로 단련시켰다.[6] 시력이 좋고 특히 시각 기억력이 뛰어난 몽골족은 태생적으로 강한 사람들이었다. 당시 몽골을 여행했던 사람들은 몽골 군인이 초원에서 6킬로미터 이상 떨어져 있는 사람과 동물을 구분할 수 있다고 기록했다. 유목생활은 군인이 기후 조건과 물 공급, 식물의 생장 등에 대한 지식을 갖출 수 있게 해주었다. 마르코 폴로는 몽골 목동들이 조리된 음식 없이 말의 목 정맥에서 받아낸 피를 마시며 열흘 동안 지내는 모습을 보았다고 기록했다. 몽골 군인은 평소 말안장에서 잠을 잤으며 아주 먼 거리를 갈 때는 말만 바꿔 타면서 쉬지 않고 계속해서 이동을 했다. 예를 들어 1221년에 칭기즈칸의 군대는 아무것도 먹지 않고 이틀 만에 200킬로미터를 이동했다. 1241년에는 수부타이가 영양 보충도 하지 않은 채 사흘 만에 약 300킬로미터를 달려 헝가리 도시인 페스트까지 진군했다. 유목생활 방식이 몽골인들을 타고난 군인으로 만들어준 셈이다. 이러한 천성이 군사 체계 내의 군율 및 훈련과 결합되었을 때 몽골족은 역사상 가장 공포스러운 전사, 즉 악마의 기수들Devil's Horsemen이 되었다.

여러 부족을 좀더 큰 민족적 범주의 군사 조직에 편입시키면 부족의 충성도가 어느 정도 떨어질 수 있다. 민족의 정체성이 진정한 의미를 가지려면 새로운 몽골식 법령이 필요했고 칭기즈칸은 바로 그 규정인 야사크를 마련했다. 몽골 부족들은 서로 수백 년 동안 싸워왔다. 노예를 취하는 관습이나 소와 말을 급습하는 행위는 지독한 갈등을 초래했다. 또한 결혼 제도는 일부다처제였지만 전통적으로 족내혼은 금지되어 있었다. 그렇다보니 남자들은 다른 부족에서 신붓감을 납치해오는 수밖에 없었고 부족 간 싸움은 더 빈번해졌다. 칭기즈칸은 통일된 부족들이 이런 관습을 따르지 않도록 모두 금지시키고 엄격한 군율로 새 법령을 시행했다. 이 법령은 전투 중 비굴한 행위를 할 경우 처형하는 등 특정 범죄에 대해 여러 처벌도 적용했다.[7] '야사크를 지키지 않는 자는 머리를 잃는다'는 말이 있을 정도였다. 야사크는 실제로 몽골 부족 간에 서로의 신뢰를 다져 결속력을 높여주는 역할을 했다. 한 예로 칭기즈칸의 사위였던 토구차르라는 장성은 흐와리즘 전투에서 칭기즈칸의 명령을 제대로 수행하지 않아 곧바로 지휘권을 박탈당하고 일반 사병으로 강등되었다. 그 뒤 여생을 일반 사병으로 살다가 전투 중에 생을 마감했다. 야사크는 가혹한 군령이었지만 사회적 지위와 관계없이 누구에게나 똑같이 적용되었다.

몽골군에서 최고위 무관은 오를로크였는데 이들은 '스스로 획득한 자들, 자기네가 데려온 자들로 군대를 꾸려나가는'[8] 육군 원수로서 야전 지휘관 중 가장 역량 있는 사람들이었다. 이들 상급 지휘관은 경험과 입증된 능력을 기준으로 엄격하게 선발되었다. 제베 노얀은 저돌적이고 용감해 위험한 전략 앞에서 도박을 할 줄 아는 지휘관이었다. 원래는 칭기즈칸과 반목하던 관계였는데 부족 간 전쟁을 여러 번 치르는 동안 그는 다치는 것을 두려워하지 않는 대담성을 지속적으로 보여왔다. 반면 수부타이는 부족 간 전쟁에서 비록 작은 부대들을 지휘했지만 주로 군사적인 문제에서 비상한 통찰력을 보였기에 상급 지휘관으로 뽑힌 듯하다. 그리고 몇 년 동안 그는 칭기즈칸 수하의 주요 군사전략가로 활동하다가 제베가 진급될 때 함께 오를로크로 진급된 것일 수도 있다. 통일 초기에 몽골은 칭기즈칸 이외의 부족에서도 유능한 무관을 뽑기도 했는데, 이러한 성향은 가장 유능한 무관들만 전투 지휘관으로 선발하고 그중에서도 최고의 무관만 고위 지휘관으로 선발하는 관행으로 이어졌다. 그런 까닭에 칭기즈칸의 '네 마리 충견' 중에는 칭기즈칸의 혈통인 보르지긴 계열의 몽골족 출신이 없었다. 젤메와 수부타이는 우랑카이족이었고 쿠빌라이는 다른 부족의 왕족이었으며 제베는 타이치우트족이었다. 나중에는 중국계, 이슬람계, 영국계 인재도 몽골군에서 중요한 직책을 맡았다. 입증된 탁월한 군사적 역량을 바탕으로 특히 전투 지도력을 갖춘 상급 지휘관을 선발함으로써 몽골군은 당대 최고의 장수들을 모을 수 있었다. 그 무관들은 이슬람이나 중국, 서방의 적들을 토벌하는 데 실패하는 일이 거의 없었다.

몽골 병사의 장비는 단순하고 투박했지만 숙련된 초원 기병의 손에 들리면 치명적인 위력을 발휘했다. 일반 병사는 보통 무명으로 된 갈색이나 청색 겉옷(칼라트kalat, 몽골의 튜닉)을 입었고 겨울에는 모피로 된 겉옷을 입었다. 모전 안감을 댄 두터운 겨울용 가죽부츠는 표준 품목이었다. 말등자에 늘 발을 걸치고 생활하는 몽골족이 신발에 굽이 없다는 사실은 다소 아이러니하다. 칼라트 위에 중기병은 가슴 부분에 소가죽이나 미늘을 대고 칠을 입힌 가죽을 덮어 만든 쇠사슬 갑옷을 입었다. 경기병은 칼라트와 칠갑옷 또는 갑옷 없이 누비로 된 칼라트만 입었다.[9] 칭기즈칸 이전 시대의 몽골 장비에 대해서는 알려진 것이 거의 없다. 몽골이 통일되었을 때 중국 용병이었던 부족들은 중국의 우수한 무기와 방어구를 들여왔을 가능성이 있다. 미늘 갑옷과 쇠사슬 갑옷은 중국 및 서방과 전쟁을 치른 뒤에야 몽골군에게 도입되었다. 그러므로 몽골족이 금속제 화살과 창촉 만드는 비법을 갖게 된 시기가 상당히 늦은 것은 분명하다. 게다가 전통 소재인 불에 달군 나무, 뼈, 뿔 대신 철로 무기를 만들게 된 것은 칭기즈칸이 집권한 후였다.

서하와 첫 전쟁(1207)을 치른 후, 칭기즈칸은 군대에 비단 속옷을 도입했다. 이것은 오늘날 군에 방탄조끼가 도입된 것에 비할 만큼 중요한 혁신이었다. 병사를 향해 화살이 날아와도 비단 속옷은 뚫을 수가 없었다. 돌면서 날아가는 화살의 촉이 비단에 감기면서 상처를 내는 것이다. 게다가 무기의 침투 속도가 느려져서 부상의 심각성도 줄어들었고 화살이 몸에 박혔을 때는 비단 속옷을 잡아당기면 훨씬 더 쉽게 빼낼 수 있었다. 반면에 화살대를 잡고 빼거나 화살이 몸을 관통했을 때는 끔찍한 상처를 입거나 목숨을 잃을 가능성도 컸다. 몽골군이 위생을 조금이라도 생각했더라면 비단 속옷은 감염의 위험까지 줄여주었을 것이다. 하지만 당시 몽골족은 잘 씻지 않았으며 속옷은 병사의 몸에서 낡아 없어진 뒤에나 갈아입는 것이 보통이었다.

행군할 때 몽골 병사는 차가운 바람을 막기 위해 모전과 가죽으로 된 귀마개 달린 전통 챙모자를 썼다. 하지만 전투 중에는 가죽으로 된 투구를 썼고 나중에는 쇠로 만든 투구도 등장했다. 투구 뒤쪽 테두리에는 페르시아식으로 가죽이나 천을 늘어뜨려 목을 보호했다. 투구 속에 양털 모자 같은 것을 쓰거나 빠르게 질주할 때는 투구를 고정시킬 턱끈을 사용하기도 했다. 투구 가장자리에 달린 띠나 털 장식은 계급을 나타내기도 했다. 그림 2.2에서 몽골 중기병의 투구와 장비를 엿볼 수 있다. 몽골 중기병은 가죽으로 덮인 작고 둥근 고리버들 방패를 창과 함께 사용하기도 했다. 경기병은 주로 궁기병들로 이루어졌는데 활을 쏠 때 방해가 되어서 방패를 자주 사용하지는 않았다. 그림 2.3이 몽골 경기병과 장비의 모습이다.

중기병은 적군을 말에서 떨어뜨릴 수 있도록 날 끝에 갈고리가 달린 약 3.5미터짜리 창을 사용했다. 몽골 기병은 전투에 나설 때 단거리용 활과 장거리용 활 그리고 화살 30대를 담을 수 있는 화살통 2개에 화살 총 60대 정도를 기본으로 갖추었다. 화살은 화살대의 길이와 사거리를 결정하는 무게 그리고 화살촉의 종류에 따라 아주 다양했

그림 2.2 몽골 중기병

그림 2.3 몽골 경기병

다. 초기 군대가 사용했던 화살은 불에 달군 나무로 만들었지만 그중에는 철갑옷을 뚫기 위해 화살촉을 쇠불림한 것도 있었다. 불화살과 효시嚆矢 끝에 속이 빈 깍지를 달아 붙인 것으로 쏘면 공기에 부딪혀 소리가 난다. 화살을 쏘아 시작을 알렸다도 사용했다.[10] 모든 몽골 병사는 올가미와 작은 단검을 지니고 다녔다. 중기병은 이슬람 군대에서 들여온 듯한 구부러진 언월도偃月刀 옛날 무기의 하나로 초승달 모양으로 생긴 큰 칼와 서방 군대에서 들여온 듯한 손도끼나 철퇴도 갖추었다. 몽골 무기 중 몇 가지가 그림 2.4에 나와 있다. 몽골 기병들은 가죽으로 된 안낭여러 가지 필수품을 넣어 말안장 양쪽 앞에 달아두는 가죽 주머니에 여벌옷과 함께 낚싯줄, 조리용 항아리, 비상식량, 가죽 물통 두 개, 화살촉을 깎는 줄, 바늘과 실을 넣어가지고 다녔다. 몽골 안낭은 약간의 방수 효과가 있어 강을 건널 때는 종종 말 꼬리에 묶어두기도 한다. 또 다른 방법은 개인 장비 일체를 안낭에 넣고 그 안에 있는 공기가 새어나가지 않도록 주머니 입구를 밀봉하는 것이었다. 그리고 둥그렇게 말아서 단단하게 묶은 안낭은 구명구처럼 사용할 수도 있었는데, 말이 강을 건널 때 몽골 병사는 안낭 위에 앉아서 말 꼬리를 붙잡고 가기도 했다.

　활은 나무틀에 짐승의 뿔과 힘줄을 조합하여 만든 경기병의 기본 무기로 작은 합성만곡궁이었다. 몽골족은 수분으로 인해 활대의 합판 층이 갈라지는 것을 막기 위해 칠을 많이 입혔으며, 활은 활집에 넣어 종종 말 옆구리에 매달아두었다. 몽골 활은 시위를 당길 때 드는 장력이 70킬로그램, 최대 유효 사거리는 270미터원문에는 27킬로미터로 되어 있는데, 저자의 오기인 듯하다 정도였다. 하지만 이런 유의 활은 시위를 최대의 힘으로 당기는 경우가 거의 없고 단거리에서 재빨리 시위를 당겨 툭 쏘는 것이 일반적이었다. 몽골족은 오른쪽 엄지손가락에 돌 가락지

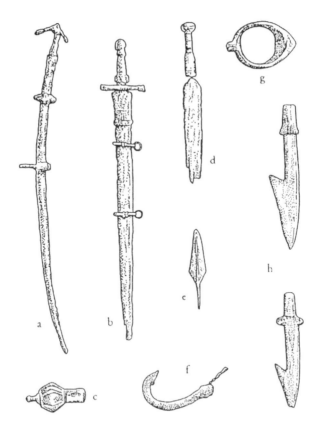

킵차크한국 영토에서 발견된 무기 및 도구
a와 b는 출처를 알 수 없는 군도와 검, c는 철제 창촉, d는 뼈로 만든 칼자루, e는 화살촉,
f는 철제 낚싯바늘, g는 활시위를 당길 때 사용하는 청동 가락지, h는 뼈로 만든 작살.

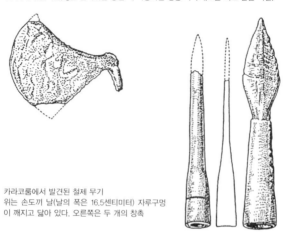

카라코룸에서 발견된 철제 무기
위는 손도끼 날(날의 폭은 16.5센티미터) 자루구멍
이 깨지고 닳아 있다. 오른쪽은 두 개의 창촉

그림 2.4 몽골 무기들

를 끼고 시위를 잡아당겼는데 이 기술은 꽤 유용했다. 그야말로 세계 최고의 궁기병이었던 몽골 경기병들은 말의 네 발굽이 모두 바닥에서 떨어져 있을 때 화살을 쏘는 기술을 연마했다. 이런 기술은 땅을 밟는 말발굽의 충격으로 인해 기병의 표적이 벗어나는 일을 막아주었다.

몽골족은 프르제발스키 말Przhevalsky horse이라는 야생마를 탔다. 이 품종은 평균 키가 13~14뼘 정도에 다리가 두꺼우며 갑옷 입은 기사가 타던 중세 유럽의 군마보다 몸집이 훨씬 더 작고 힘도 세지 않았다. 이 몽골 말들은 말발굽으로 툰드라의 눈을 긁어내 그 아래에 있는 풀이나 이끼를 찾았고 심지어 나뭇잎을 먹기도 했다.[11] 말이 눈 속에서 먹이를 찾을 수 있었던 덕에 몽골족은 혹독한 추위에도 말을 부릴 수 있었다. 실제로 한겨울에 파미르 고원을 넘어 전투를 치르기도 했다! 몽골 병사들은 주로 이용하는 말 외에도 여분으로 세 필의 말을 더 끌고 다녔다. 강행군 중에는 몇 시간 만에 말을 자주 바꿔 타면서 말의 체력을 비축해주었는데, 이 기술은 각 말이 짐을 효율적으로 운반할 수 있게 했다. 몽골 기병들은 식량으로 쓸 젖과 피를 얻기 위해 주로 암말을 몰았다. 병사들은 말이 개처럼 주인을 따르고 주인의 부름이나 휘파람에도 응답하도록 훈련 시켰다. 그렇게 함으로써 말을 돌보고 먹일 사람이 많지 않아도 수많은 말이 군대와 함께 움직일 수 있었던 것이다. 말은 몽골 사회에서 거의 신비에 가까운 존재가 되었고 칭기즈칸은 말을 인간적으로 대하도록 엄격하게 규제했다. 예를 들면 전쟁터를 누볐던 말은 더 이상 활용할 수 없을 때 도살하지 않고 자연으로 방생했다.

보통 몽골 병사들이 휴대하는 '비상식량'은 주로 가루우유 약 5킬로그램, 수수 가루, 암말의 젖과 피를 발효시켜 만든 알코올이 강한 말젖술(쿠미스) 2리터 정도였다. 고기는 안장 밑에 두어 말이 움직일 때 발생하는 열과 땀으로 부드럽게 절여지도록 했다. 그렇게 안장 밑에서 육포가 된 고기는 쉬는 동안 병사들의 간편한 간식이 되었다. 이것을 본 외국 연대기 작가들은 몽골족이 살아 있는 말에서 고기를 잘라 먹었다고 기록하기도 했다![12] 가루우유는 물과 함께 물통에 넣고 섞으면 부드러운 요구르트가 되었다. 양이나 염소, 야크 등의 가축들은 군 보급 대열과 함께 뒤따라갔다. 몽골 병사들은 정복한 지역에서 약탈한 음식 외에도 쥐와 이, 심지어 출산한 암말에서 나온 태반까지 거의 모든 것을 다 먹었다. 특히 막 잡은 동물의 장을 배설물만 짜내버리고 날것으로 먹는 이들의 식습관에 이슬람계 사람들은 경악을 금치 못했다.

각 병사는 부대 내에서 훈련을 받으며 유목생활에서 얻은 타고난 재능을 갈고닦을 수 있었다. 한편 군대의 조직력과 명령 이행 능력을 기르는 일은 별개의 문제였다. 몽골족은 초겨울마다 실시하는 대규모 사냥인 네르제를 통해 군대를 훈련시켰다. 사냥은 석 달간 계속되었으며 군사 전체가 전투복을 완전히 갖춰 입고 참여했다. 군사가 늘어선 줄은 그 길이가 거의 13킬로미터나 되었다. 이들은 대칸의 지휘에 따라 전진하며 모든 동물을 추월해나갔다. 사냥은 수백 킬로미터 떨어진 곳에서 끝나는데, 군대가 끈질기게 전진을 계속하는 동안 군대의 양쪽 날개는 반원을 그리며 펼쳐졌다. 하루하루 지날수록 쫓기는 동물들은 서서히 닫혀가는 원 안에 갇힌다. 마침내 원이 닫히고 점점 더 좁아지면 사냥감은 중앙으로 몰리게 된다. 병사들은 토끼 한 마리조차 빠져나가지 못하도록 힘을 합쳐 움직였다. 한 마리라도 병사들 틈을 빠져나가면 그곳에 있던 병사와 그 상관은 처벌을 받았다. 원이 작아지면서 그 안을 가득 메운 동물들은 가로막고 있는 군인 벽에서 어떻게든 달아나려고 한다. 바로 이때 살육이 시작되는데, 병사들은 원 안에 있는 짐승을 한 마리도 놓치지 않고 모두 잡는 것을 목표로 하고는 말에서 내려 짐승을 공격한다! 곰, 호랑이, 늑대와 같이 큰 짐승들도 겁에 질렸으며 동물과 사람 사이에 백병전칼이나 창, 총검 따위와 같은 무기를 가지고 적과 직접 몸으로 맞붙어서 싸우는 전투이 벌어졌다. 사냥이 이루어진 곳을 뜻하는 게르카는 부족장의 요청으로 대칸이 중지 명령을 내릴 때까지 피로 붉게 물들었다.[13] 사냥은 군대의 조직력을 기르는 동시에 매우 힘든 상황에서 어려운 임무를 수행할 때 작은 전투 단위의 지도자들도 부대의 상태를 파악해 지휘할 수 있도록 좋은 기회를 주는 훌륭한 훈련이었다.

몽골군은 케시크라는 친위대를 만들어 탁월한 지휘관 및 막료를 임명하는 제도를 마련하고자 했다. 제국 초기에 이 친위대는 겨우 1000명 남짓으로 구성되었으며, 칸의 집안사람과 하인 또는 부족 간 전쟁에서 전투 대원으로 활약하며 오랜 신뢰를 쌓아온 동료들이 주를 이루었다. 친위대는 원래 칸의 개인 호위무관들이었는데 이것은 친위대를 구성하고 있는 세 부대의 이름에서 드러난다. 주간 대원 위사, 야간 대원 숙위, 전투 대원 전통사가 바로 그들이다. 칭기즈칸이 친위대를 편성한 것은 1206년으로 좀더 강력한 적수를 만났을 때 더 큰 규모의 군사작전들을 일관성 있게 수행할 수 있도록 군대를 재편했던 시기였다.『몽골비사』에서는 원래 있던 친위대가 1만 명으로 늘어났고 그때 지휘한 무관의 이름이 나야아였다고 설명한다. 얼마 뒤 케시크가 전투 지휘관과 군사전략가를 양성하는 이른바 몽골의 사관학교로 거듭나게 되었다는 사실을 통해 전투 지휘관이기보다 군사전략가였던

수부타이의 영향력을 짐작할 수 있다.[14]

친위대는 가장 뛰어나고 영특하며 장래성 있는 몽골군의 지휘관 및 막료들의 본거지가 되었다. 케시크 대원 후보들은 그동안 쌓아온 경력을 기준으로 선별한 뒤 하위 지휘 계통에서 기량이 뛰어난 사람을 뽑거나 우수한 사병들을 대상으로 1년에 한 번씩 벌이는 경합을 통해 뽑았다. 선발은 엄격하게 공로에 따라 이루어졌다. 영향력이 큰 귀족의 아들들이 후보가 되기도 했지만 능력이 기준에 못 미치면 최종 선발에서 여지없이 탈락되었다. 앞서 이야기했던 칭기즈칸의 사위처럼 말이다. 케시크에 소속된 모든 무관은 막료 업무를 훈련받았고 교육과 간단한 회의에도 참석했다. 금나라와 전쟁을 치른 뒤에는 공성병기 이용과 관련하여 중요한 점 한 가지가 강조되었다. 친위대 무관이라면 누구나 유사시 곧바로 만호를 지휘할 수 있어야 한다는 것이다(나폴레옹은 하급 장교들에게 군대를 통솔해야 할 상황에 놓일 때를 대비해 배낭에 육군 원수의 지휘봉을 지니고 다니라고 했지만 실제로는 기대에 미치지 못했다). 전장에서 친위대원의 지시는 천호 이하 지휘관의 명령보다 우선시되었다.

친위대는 대칸의 지시로 기용되어 행렬 중앙에 있는 대칸의 바로 옆자리를 지키는 군 내 최고의 전투 만호였다. 이번에도 나폴레옹의 친위대 활용 방식이 눈에 띈다. 친위대 만호에서 세 개의 천호, 즉 위사, 숙위, 전통사가 사용하는 군복과 말은 색깔이 제각기 달랐다. 나머지 7개 천호는 부족 간 전쟁에서 칭기즈칸과 함께 싸우고 그의 안위를 지켰던 노장의 정예 근위기병대로 구성되었다. 수부타이는 짧은 기간 동안이나마 근위기병대로 활약했고, 비록 진급했지만 모든 친위대원에게 부여했던 바투르 칭호를 평생 사용한 듯하다. 바투르는 '기사'를 뜻하지만 '용사'라는 뜻도 있다. 근위기병대는 검은 칼라트와 붉게 장식된 갑옷을 입었다. 각 친위대원은 붉은 가죽 마구와 안장을 채운 검은 말을 탔다.

몽골의 막료 조직 구조는 정확히 알 수 없어 상세히 복원하기는 어렵다. 하지만 칸의 막료 조직이 11명의 상급 막료로 이루어졌고 아마도 특정 막료부를 각각 담당했을 것이라고 기록된 자료는 더러 있다. 군의 막료가 친위대에 속해 있었던 것은 분명하며 각 만호에는 행정 막료 조직 내에 약간 더 작지만 비슷한 막료부가 있었던 듯하다. 막료 본부에는 의료를 지원하는 부서가 있었는데 몽골군은 중국, 인도, 이슬람 의료인들로 구성된 부대를 갖추고 있었던 것으로 잘 알려져 있다. 또한 기동 외교단도 협상 때 활용하는 막료부의 일부였다. 통역관은 물론이고 서기와 기록 관리자도 있었는데, 위구르족이 문자와 필기도구를 전해주기 전까지 문맹이었던 사람들에게 이러한 혁신은 꽤 흥미롭다. 전략 정보를 수집하고 분석하는 부서를 포함하는 광범위한 정보 기구는 물론 현장 요원, 지도 제작자, 측량사까지 중국에서 들여오거나 기용했다. 몽골 정보 무관들은 모든 것을 셈하고 기록했으며 사후 보고에는 정확한 사망자 수가 반드시 들어가 있어야 했다. 레그니차 전투를 치렀을 때는 특수 분대가 전투 후 전쟁터를 헤집고 다니며 죽은 적병의 오른쪽 귀를 조직적으로 잘라내 9개의 자루에 나누어 담은 뒤 상관에게 보고했다. 이와 같은 관행은 소름 끼치지만 덕분에 몽골 정보 무관들은 정확한 사망자 수를 계산할 수 있었다.[15]

행군 마지막 날 몽골군은 늘 남쪽을 향해 야영지를 정했다. 군대의 각 날개는 중군인 콜가르를 중심으로 대칭되는 위치에 진을 쳤다. 즉 좌익(준가르)은 항상 동쪽을, 우익(바라운가르)은 항상 서쪽을 향했다.

야영을 할 때는 유르트치유르트는 '주거'를 뜻한다라 불리는 무관들이 오늘날의 병참장교와 같은 역할을 했다.[16] 이 무관들은 야영지 선별 및 보급로 정비, 연락수단 운영 등과 같은 일을 했다. 계급이 가장 높은 유르트치는 정찰 및 정보 수집 업무를 맡았다. 야영지 안에 설치된 응급진료소에서는 중국, 인도, 페르시아 의사들이 병자나 부상자들을 치료했다. 정기적으로 병사 및 장비들의 점검도 이루어졌는데, 장비 상태가 좋지 못하면 엄한 처벌을 받았다. 유르트치가 맡았던 아주 중요한 일 가운데 하나는 바로 보급에 절대적으로 필요한 군의 낙타 부대를 보호하고 관리하는 것이었다. 몽골족은 말을 사육하는 민족으로 잘 알려져 있지만 말 못지않게 낙타를 많이 길렀다는 사실은 자주 간과된다. 몽골군은 보급소와 군 사이를 오갈 때 대규모 낙타 부대를 활용했다. 그림 2.5는 행군 중인 몽골 야전군을 묘사한 것이다.

친위대에서 중책을 맡은 막료와 전문가들 중에는 공성무기와 대포를 다루는 사람들도 있었다. 금나라와 첫 전쟁을 치르면서 몽골족은 자신들이 도시를 장악할 힘이 부족하다는 것을 곧바로 깨달았다. 그래서 금나라와의 전투에서 승리를 거둠과 동시에 금나라의 공성 전문가들과 공성병기를 몽골 군대에 들여왔다. 훗날 몽골군은 페르시아 기술자와 공성 전문가들을 포함시켜 특수부대를 만들었다. 적의 도시를 장악할 때마다 이와 같은 전문가들만은 살려두라는 상비 명령이 있었다. 그리하여 공성병기를 사용함으로써 몽골족은 야전포를 조금씩 개발하게 된다. 몽골 공성병기에는 소형 투석기와 대형 투석기가 있어서 도시와 요새를 향해 온갖 종류의 발사체를 쏘아 올릴 수 있었다. 한 예로 몽골 포병이 뽕나무를 잘라서 그 통나무를 물에 적셔 무겁게 만들기도 했다. 젖은 통나무는 더 작게 조각낸 뒤 성곽을 향

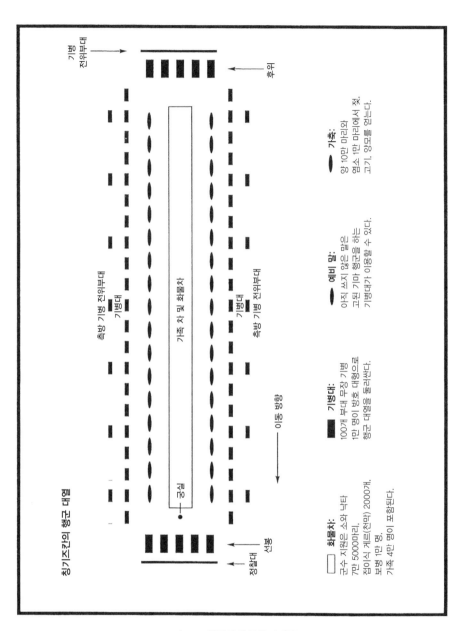

그림 2.5 행군 중인 몽골 야전군

해 발사했다. 발리스타고대부터 중세에 걸쳐 유럽에서 사용되던 거치식 대형 쇠뇌처럼 생긴 거대한 석궁도 사용되었는데, 이것은 유럽의 투석기를 훗날 몽골에서 변형시킨 것이다. 이와 같은 장치들은 대포로도 활용되어 불꽃을 뿜어 적을 혼란에 빠뜨렸다. 소이제를 가득 담아 심지를 태워 발사하는 흙 항아리와 나프타 항아리, 그리고 유황, 초석, 부자, 기름 먹인 숯, 송진, 밀랍으로 만들어진 '독성 연막탄'이라 불리는 발사체 등은 모두 이 석궁으로 발사되었다.[17] 대포는 방어벽보다는 오히려 탁 트인 곳에 배치된 야전군을 상대할 때 활용함으로써 몽골의 전술과 거의 융합되었다. 셔요 강 전투에서 몽골군은 대포를 사용한 포격으로 공격을 개시했다. 몽골군의 공성병기 몇 가지가 그림 2.6에 실려 있다.

공성 작전에 정교한 기계를 적용한 몽골족은 효과는 있어도 더 원시적이었던 도시 공격 수단에만 머물러 있지 않았다. 흐와리즘의 수도 구르간지를 포위했을 때는 최후의 공격을 하기 위해 수천 명의 시민을 해자성 주위에 둘러 판 못로 몰아넣었다. 수비대는 수천 명에 달하는 자국의 시민들을 죽음으로 내몰 수밖에 없었고 결국 해자는 성벽을 공격할 수 있을 정도로 경사면을 이룬 시체로 가득했다. 몽골족의 잔인함이란 이루 말할 수 없었지만 그 덕분에 군사적 또는 정치적 목표는 늘 이루어낼 수 있었다.

군사작전술에 관한 전문 지식은 항상 그 군사작전을 포함하는 더 큰 단위의 정치적 전략을 배경으로 하고 있었다. 이처럼 몽골에서 군사적 목표가 정치적 목표의 일부가 되는 일은 군사활동에 앞선 철저한 준비 과정에서 뚜렷이 관찰되었다. 때로는 이런 준비 과정이 1년 넘게 지속되기도 했다. 예를 들면 친위대에는 정치적, 전략적 정보를 다

몽골족이 사용한 중국과 사라센의 공성병기: 무거운 돌을 던질 때 쓰는 발리스타와 대형 발사체들

그림 2.6 몽골의 공성병기

루는 광범위하고 영속적인 정보부서가 있었다. 이 부서는 주요 국가들에 대한 최신 기록을 관리하고 군사 지휘관들에게 서면 기록을 제공하거나 전황 설명을 했다. 몽골족은 정치적 정보를 가장 중요하게 여겼으며, 특히 적 지도자들 간의 개인적인 대립관계에 관심을 갖고 이를 전투에 활용했다. 예컨대 몽골이 헝가리를 공격한 일은 독일 황제와 교황이 극심한 대립관계에 있으므로 몽골이 침공을 해도 결코 힘을 합치지 않으리라고 예상했기 때문이었다. 몽골은 또한 러시아와 폴란드가 대공들의 사소한 대립 때문에 몽골군에 대한 어떤 군사적인 노력도 불가능할 것이라고 정확히 예측했다. 몽골의 전쟁 준비는 연합군을 이루고 지속시키는 능력, 전투 사기를 유지하는 능력 등 언제나 적에 대한 전략적 평가를 중심으로 이루어졌다. 몽골 정보 무관들은 단순히 '화살 개수나 세는 사람'이 결코 아니었다.

몽골은 출정에 앞서 여러 부류의 대중을 대상으로 각기 다른 주제를 정해 광범위한 심리전을 준비했다. 상인과 첩자들은 몽골이 지배하면 부자들은 돈을 더 많이 벌게 될 것이고, 빈민들은 압제에서 해방되어 법의 보호를 받게 될 것이라는 소문을 퍼뜨렸다. 몽골군의 규모를 의도적으로 부풀려 소문을 내기도 했다. 이 모든 소문 뒤에는 '잔인한 약탈자 몽골족'이라는 공포감이 서려 있었다. 심리적 측면에서 말하자면 소문을 굳이 믿게 만들 필요가 거의 없었던 것이다. 전쟁 준비는 전투 시간에 맞춰 지형과 날씨 그리고 식량 보급에서 최대한 우위를 점할 수 있도록 계산적으로 이루어졌다. 몽골족은 공격 시기를 어설프게 결정하는 일이 결코 없었다. 이라크를 침략했던 1258년 봄은 햇빛이 강하지 않고 말라리아의 위험성이 낮은 때였다. 러시아와 전투를 벌였던 1237년과 1238년 사이의 겨울에는 강과 습지가 얼어붙어

작전 전역이 광대한 몽골 설원과 비슷한 상태였다.

　몽골군의 강점은 적의 저항 능력을 훨씬 뛰어넘어 효율적이고 효과적으로 전투 작전을 지휘한다는 데 있었다. 몽골군은 목표를 강조함과 동시에 목표 달성에 필요한 수단과 방법은 부대 지휘관이 결정하도록 맡겨두는 군사 지휘 방식을 처음으로 고안한 군대였던 듯하다. 전략 운용 및 통제에 관한 이 이론을 훗날 독일에서는 임무형 지휘Auftrag-staktik라고 불렀다. 부대 지휘관들이 전반적인 작전 내용을 간략하게 전해 듣고 나면 각 만호에 구체적인 목표 달성 임무가 주어졌다. 지침이 관대한 덕분에 야전 지휘관들은 아주 넓은 범위에서 목표를 달성할 수 있었다. 특히 독창성과 혁신성 그리고 실행상의 유연성이 강조되었다.

　몽골군은 큰 대열을 이루고 서로 멀찌감치 떨어진 채 적의 영토로 나아갔다. 대열 사이를 끊임없이 오가며 대열 내의 질서를 유지하는 일은 파발 부대의 몫이었다. 파발병은 또한 전술 정보를 주고받을 때 손깃발이나 등불로 연락을 하기도 했다. 주기적으로 혹은 매일 이렇게 연락을 취할 수 있었기 때문에 지휘관은 대열이 넓게 흩어져 있어도 전군을 지휘, 통제할 수 있었다. 각 대열 앞에서는 기병 전위부대가 정찰부대 역할을 했는데, 때로 이들은 본대 전방 거리의 약 100킬로미터까지 배치되기도 했다. 이와 비슷한 부대들이 행군하는 동안 측방과 후방에도 배치되었다.[18] 적을 찾는 동안 흩어져서 움직이는 것이 몽골군의 작전 원칙이었다. 적을 발견했을 때 우선 경기병 정찰부대가 적의 발을 묶어놓으면 더 큰 대열이 빠른 속도로 몰려와 적시적지에 공격하거나 여러 방향에서 동시에 공격했다. 이렇게 적에게 접근하는 몽골의 방식은 '흩어져서 행군하고 뭉쳐서 싸운다'는 옛말을 고스란히 답습하는 것이었다.

적을 만나 본대가 교전 결정을 내리면 만호는 다섯 줄로 대오를 정렬해 전투에 돌입했다. 각 대열은 충격을 최대화하기 위해 병사 간 간격을 좁게 유지했지만 횡대의 간격은 비교적 멀어서 때로는 거의 200미터가 되기도 했다. 앞의 두 횡대는 중기병대, 나머지 세 횡대는 경기병대로 이루어졌다. 대열이 적과 가까워지면 첫 번째 경기병대가 앞의 중기병대 사이를 전속력으로 전진한 뒤 일제히 화살을 쏘아 적과 교전을 벌였다. 이때 후열 경기병대가 중기병대 머리 너머로 일제히 화살을 쏘았다. 첫 번째 경기병대가 적과 가까워지면 경기병대는 비스듬하게 나아가며 전방을 공격했다. 타이밍이 잘 맞으면(대체로 잘 맞았다) 경기병대의 화살 공세가 절정에 달했을 때 경기병대는 곧장 뒤로 빠지고 중기병대가 한꺼번에 몰려와 공격하면서 적에게 최대한으로 충격을 주었다.[19]

회전會戰 준비된 위치에 병력을 집결하여 벌이는 전투에서 첫 번째 교전은 늘 경기병대가 실시했다. 궁기병인 이들의 임무는 중기병대가 교전을 치르기 전 적군에 가능한 한 많은 사상자를 내는 대규모 '전투'로 진압하는 것이었다. 유럽과 중국 군대는 거의 중기병과 보병의 힘에 전적으로 의지했다. 몽골 궁기병의 공격은 본격적인 교전을 벌이기에 앞서 적군의 병력을 적잖이 약화시키는 데 목적이 있었다. 몽골 경기병대는 모여 있는 적군에게 몇 번이고 덤벼들어 적이 움직이는 곳마다 화살을 쏘아댔다. 적이 굴복하지 않고 그 자리에서 계속 버틸 경우 궁기병들은 적군의 사상자가 아주 많아져 병력이 무력화될 때까지 공격을 계속했다. 적이 몽골 궁기병을 공격할 경우 궁기병은 일단 질서 있게 단계적으로 후퇴하면서 쫓아오는 적이 측방이나 정면에서 기다리고 있는 중기병대에 잡힐 때까지 말을 탄 채 뒤를 향해 화살을 쏘았다. 플라노 카르피니의 글처럼 몽골 경기병대는 '화살을 쏘아서 병사와 말이 죽거나 부상을 당했을 때만 접근전에 들어간다'고 했다. 바실리들 하트 경은 이 기술을 두고 "군 역사상 '발사술'을 조직적으로 활용해 접근전을 용이하게 한 최초의 사례"라고 했다.[20]

만약 경기병대가 전방의 적을 처리하지 못했다면 몽골군은 툴루가마라는 통상 섬멸 작전을 실행할 수도 있었다. 앞에서 중기병대가 적과 교전하는 동안 경기병대는 전체 대형의 날개 쪽으로 가서 측면에 있는 적을 상대한다. 가끔은 전장을 빙 돌아 후방의 적을 공격했다. 이 것은 최소 두 방향에서 적을 공격해 혼란을 주고 대열을 흩트리며 중기병대 마지막 대열과 함께 결정타를 날리기 위해서였다.[21]

몽골군의 최후 공격은 언제나 중기병대의 돌격이 맡았다. 실제 돌격을 앞두고 전장의 모든 전술이 아주 조용한 가운데 펼쳐져 말들도 '늑대처럼 천천히' 움직였다. 부대는 깃발과 여러 가지 색의 등불, 수신호로 통제했다. 그러다가 때가 되면 나카라 북소리가 적막을 깨고 공격개시 및 공격 속도를 알렸다. 몽골은 침묵의 공간을 갑자기 기분 나쁜 고함과 비명으로 뒤덮어 적의 신경을 분산시키는 심리전을 펼쳤다.

몽골의 또 다른 전술로 망구다이라는 것이 있는데 이 작전에서 경기병대는 적의 중심부로 곧장 들어가 승산 없는 공격을 펼친다. 초반에 잠깐 전투를 벌인 후, 기병들은 신호에 따라 공황 상태에 빠진 척대열을 흩트러뜨리고 아군의 대형으로 들어가 이리저리 헤매며 정신 없는 듯한 모습을 보인다. 이 작전은 적을 대거 유인하는 전술로 개인적인 영광에 관심이 있는 유럽의 기사들이 이 전술에 매력을 느꼈다. 적이 2~3킬로미터 정도 쫓아와 병력이 어느 정도 흩어지면 측면에 매

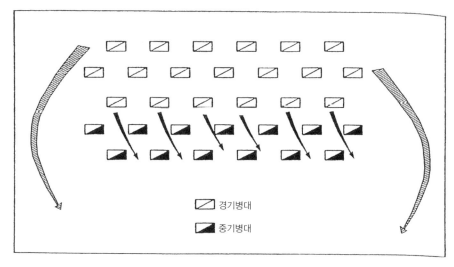

경기병대

중기병대

그림 2.7 몽골의 툴루가마 전술

복하고 있던 몽골군이 나타난다. 그리고 매복이 풀리면서 갑자기 중기병대의 소나기 같은 화살 공세가 시작된다. 그렇게 몇 분이 지나면 적은 이내 포위되었다. 몽골 궁병들은 적의 기마병 발밑에서 말을 공격했다. 말을 잃은 유럽이나 이슬람계 기사들은 몽골 창병이나 궁병에게 손쉬운 먹잇감이나 다름없었다. 레그니차 전투에서처럼 이 살육자들은 종종 무시무시한 모습을 보여주었다. 몽골 기병대는 또한 대형이 엇갈리거나 대열이 흩트러졌을 때도 그런 상황에 대처해가며 싸웠다.

몽골족은 추격에 능했다. 그들의 전술 교범에서 승리의 정의는 다름 아닌 적군 섬멸이었다. 적이 전장에서 달아나면 몽골족은 거의 모든 적병이 죽거나 생포될 때까지 몇 주씩 추격하기도 했다. 부족 간 전쟁에서 생긴 관습에 따라 몽골 지휘관들은 싸움에서 패배한 적은 끝까지 추격하라는 명령을 내렸다. 호와리즘이나 유럽과의 전투에서는 특수 기동부대를 투입해 적군 지휘관을 찾아 생포하게 했다. 대개는 적의 긴 보급로를 끝까지 쫓아가 남아 있는 적군이 군대를 재정비하고 다시 전투를 일으켜 아군의 보급로를 위협할 만한 불씨가 남지 않도록 했다. 몽골족은 무자비한 추격전을 벌이면서 주변 지역을 쑥대밭으로 만들어놓기도 했다. 한 예로 1299년에 이들은 살라미예트Salaamiyet에서 맘루크를 굴복시켰는데 이때 적의 패잔병을 쫓느라 몽골 부대가 가자Gaza까지 이동했다는 기록이 있다. 전장에서 무려 500킬로미터나 떨어진 곳이었다.

몽골군의 최고 전투 능력은 단연 이동 속도였다. 몽골 만호에게는 며칠 만에 수백 킬로미터를 이동해 적 뒤에 갑자기 나타나거나 적의 후방 깊숙한 요새의 관문에 나타나는 것이 흔한 일이었다. 제베와 수부타이 같은 몽골군 지휘관들이 군대를 운영하면서 그토록 커다란 위험을 감수할 수 있었던 것 또한 속도 덕분이었다. 유럽군이나 중국군은 최적의 상황에서도 매복이나 기습으로 몽골 만호를 공격하는 것이 거의 불가능했다. 몽골군이 고전하고 있을 때는 거의 매번 적의 추격 속도보다 더 빨리 후퇴할 수 있었다.

생포된 중국 무관이 칭기즈칸에게 말하기를, 몽골은 말을 타고 제국을 정복했지만 제국을 말 위에서 통치할 수는 없다고 했다. 칭기즈칸은 제국을 자신의 아들인 오고타이에게 물려주어 통치하게 했다. 그토록 광대한 몽골 제국을 안정된 연락수단 없이 통치하는 것은 불가능했다. 서기 1234년, 오고타이칸은 얌이라는 제국 연락체제 수립을 공식화했다. 이 체제는 (마르코 폴로의 말에 의하면) 제국 전체에 걸쳐 종횡으로 약 40킬로미터 지점마다 역참을 설치하는 것이었다. 야간 이동 시 기수는 안장에 몸을 묶어 말이 다음 역참에 도착할 때까지 말 등에서 잠을 잤다. 전령은 때때로 말을 갈아타는 시간을 줄이기 위해 몸에 종을 달아 역원들에게 자신의 도착을 알리고 새 말을 대기시키라는 신호를 보내기도 했다. 얌의 인사 및 운영 책임이 군에 주어지면서 군의 활동 경로를 따라 파발이 항상 설치되었다. 얌은 또한 전술적, 전략적으로 능률적인 연락체제 역할도 했다.[22]

3

금과의 전쟁

　　하나의 깃발 아래 몽골을 통일한 칭기즈칸과 그의 부하들은 주변 세계를 눈여겨보기 시작했다. 그림 3.1은 몽골에 위협이 되거나 몽골의 영토 확장에 장애물 역할을 하는 주요 국가들의 위치와 관련하여 새 몽골 왕국의 지리적 위치를 나타내고 있다. 동남쪽에는 만리장성에 안전하게 둘러싸인 거대한 중국이 앙숙인 금과 송으로 나뉘어 있다. 몽골 바로 남쪽에는 강력한 기병과 보병으로 이뤄진 서하라는 중국계 탕구트 왕국이 있었다. 서남쪽에는 '서요' 혹은 카라키타이('흑거란' '대거란'이라는 뜻)라 불리는 왕국이 '세계의 지붕'이라 일컫는 파미르 고원을 가로질러 오른쪽으로 뻗어 있었다.

　　이들 네 왕국의 기원은 모두 고대 중국이었다. 고대 중국은 한때 땅이 워낙 넓어 '한쪽 국경은 1년 내내 얼음밖에 없고 반대쪽 국경은

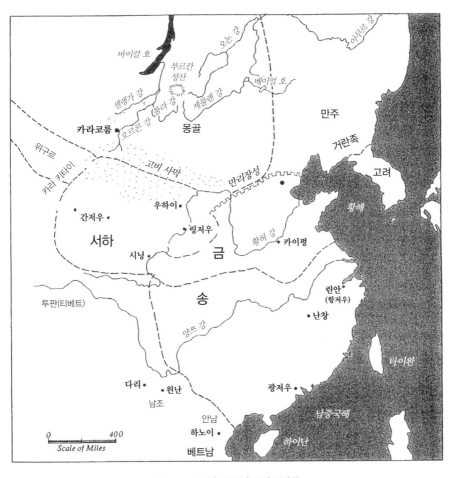

지도 3.1 1206년, 몽골과 주변 국가들

1년 내내 여름이었다.[1] 칭기즈칸이 탄생하기 3세기 전 중세 중국은 양쯔 강 남쪽의 송나라와 북쪽의 요나라로 갈라졌다. 요나라는 국호가 금나라로 바뀔 때까지 단 두 세기 동안 존속했다. 요나라의 영향력 있는 한 왕자는 갑자기 등장한 금 제국을 인정하지 않고 추종자들과 함께 북쪽으로 이주해 튀르크멘 원주민을 통치하며 카라키타이 왕조를 건설했다. 그로부터 얼마 전, 남송은 한때 중국 태수였던 탕구트 왕자들이 서북쪽의 티베트와 고비 경계지역에서 독립하려는 것을 인정할 수밖에 없었다. 이렇게 탄생한 것이 바로 강력한 나라 서하였다.

칭기즈칸이 몽골을 지배하기 시작했을 때, 중세 중국은 새로운 몽골 왕국을 경계로 네 국가를 탄생시켰다. 통치자가 누구든 중국인들은 국경에 살던 몽골 부족들에게 대체로 적대적이지 않은 편이었다. 수 세기 동안 중국은 '오랑캐로써 오랑캐를 다스린다'라는 이이제이以夷制夷 정책을 추구해왔다. 이 정책에 따라 중국은 한 부족이나 혹은 연합 부족과 다른 부족끼리 싸움을 붙일 수 있었고 모든 부족이 연합하는 일을 미연에 방지하기 위해 늘 방법을 모색했다. 칭기즈칸과 그의 아버지도 부족 간의 충돌에서 중국과 동맹을 맺곤 했다. 칭기즈칸은 1198년에 타타르와 전쟁을 치른 뒤, 금 황제에게 무공을 인정받아 국경의 봉신으로 임명되기까지 했다. 물론 그도 중국의 손에 죽음을 맞이한 조상들이 있다는 것은 알았지만 먼 옛날의 일이었다. 중국은 대국이었던 만큼 몽골에 대한 영토 야욕을 품지 않았다. 그러면 칭기즈칸과 그의 장수들은 왜 중국과 전쟁을 벌였을까?

그 답은 몽골이 전쟁 중에 보여준 개인적인 용맹스러움이 그 사람의 사회적 지위를 규정하는 전사사회였다는 사실에 있다. 칭기즈칸이 조직화를 이뤘어도 몽골 사회는 여전히 아주 거대한 부족에 지나지 않았다. 몽골의 사회제도는 부족 제도를 확대한 정도여서 국가를 운영하기에는 적합하지 않았다. 그렇게 보는 것이 타당한 이유는 칭기즈칸이 당시의 몽골 사회를 넘어서고자 하는 이상을 갖고 있지 않기 때문이다. 전과 다른 사회질서를 구축하거나 같은 맥락에서 다른 나라를 정복하고 다스리려는 생각도 없었다. 이와 같은 이상은 한참 후, 칭기즈칸의 손자들이 통치하던 시대에 나타났으며 그때부터 중국과 무슬림 지략가들은 몽골의 칸들을 눈여겨보게 되었다. 칭기즈칸과 그의 장수들에게 전쟁은 삶의 방식이었고 몽골 국경에 있는 나라들은 이웃을 습격하고 약탈하는 데 안달이 나 있었으니, 몽골 전사들은 늘 그래왔듯이 전쟁을 치르고 전리품을 취하며 천막에서 술에 취할 수 있는 멋진 기회가 찾아온 것이다!

금과의 전쟁

칭기즈칸의 금나라 공격은 끝없는 전쟁을 야기했다. 1211년 초에 시작되어 칭기즈칸이 사망할 때까지(1227) 간헐적으로 계속되다가 후계자인 오고타이칸 시대에 분수령을 이룬 뒤, 1234년에 마침내 수부타이가 금의 새 수도인 카이펑부開封府 오늘날 중국 허난 성河南省 동북부에 있는 도시를 점령함에 따라 전쟁은 끝이 났다. 몽골족은 금과의 전투를 통틀어 기나긴 전쟁 기간 동안 패한 전투가 단 두 번에 그치는 기염을 토했다. 그러나 연승했음에도 불구하고 몽골족은 전략적 결정권을 가질 수 없었다. 이처럼 성공적인 전투활동으로 장기전을 치르고도 전략적 결정을 내리지 못한 사례는 몽골 전쟁사를 통틀어 흔치 않은 일이었다. 하지만 여기에는 여러 이유가 있다. 먼저, 금은 인구가 약 5000만 명에 달하는 대국인 데 반해 몽골 인구는 고작 300만 명이었다. 1211년 금을 침공할 때 동원된 몽골 사병은 최대 12만 명이었다. 금의 야전군은 규모가 대단히 컸기 때문에 패전을 거듭했는데도 계속해서 군대를 재편성하고 배치할 수 있었던 반면, 몽골은 인명 손실이 생기면 회복이 훨씬 더 어려웠으므로 금나라 군대에 몸담았던 부내 지휘관들을 회유하여 그들에게 의지할 때가 많았다. 이런 조건에서 금의 군대는 궤멸될 때마다 다른 병사들로 빠르게 대체되었기 때문에 몽골군이 전쟁터에서 전략적 결정을 하기란 거의 불가능했다.

금나라 군대는 규모만큼이나 전투력도 위협적이었다. 창과 갑옷으로 무장하고 잘 훈련된 보병 밀집군과 튼튼한 기병대로 구성된 금군은 조직력이 좋았을뿐더러 공격을 받아도 대부분 냉정을 잃지 않도록 충분히 훈련되어 있었다. 이 군대들은 전국의 복잡한 요새 및 군수 도시 안에 배치될 때면 특히 병참 능력이 우수했다. 그 안에서 보급품을 꺼낼 수도 있고 상황이 나쁠 때는 그곳에 들여놓을 수도 있었다. 금의 방어 체계는 물살이 빠른 큰 강과 벼논, 제방 등을 활용했기 때문에 몽골군이 크게 불리했다. 금의 방어 기반 시설로는 만리장성밖에 없었다. 만리장성은 이중으로 강화된 성벽으로 적이 나타나면 넓은 범위에 걸쳐 크고 작은 성채나 산 고개 곳곳에 요새화된 지점들 등이 예측 가능한 방향으로 움직이도록 유도할 수 있었다. 난공불락의 도시들도 있었다. 예를 들면 중도中都(지금의 베이징)에는 문양이 있는 벽토가 있는데, 높이 약 12미터에 벽돌로 지은 900개 흉벽탑과 13개의 관문이 있는 경사진 총안흉벽銃眼胸壁 성곽, 포대 등 중요한 곳에 몸을 숨긴 채로 총을 쏠 수 있도록 벽에 총안이라는 구멍을 뚫어놓은 흉벽이 가득했고 3개의 해자 동심원에 둘러싸여 있었다. 이보다 작은 요새도시 네 곳은 땅굴을 통해 주성과 연결되었으며 성채는 각각 1.5제곱킬로미터 규모에 수비대와 무기고 그리고 저장고를 갖추고 있었다. 도심 수비대는 2만 명이었던 반면, 외곽지 네 곳은 각각 4000명의 인원이 더 배치되었다. 중도에서 도시 방어에 투입될 수 있는 인구는 약 100만 명이었다.[2] 몽골족도 서하와의 짧은 전쟁(1207~1210)에서 고정된 요새를 맞닥뜨린 적은 있지만 그들의 원시적인 공성력으로 단단히 방비된 금의 도시들을 상대하기에는 역부족이었다.[3]

게다가 금과의 전쟁은 정복과 지배의 전쟁이 아니라 습격과 약탈의 전쟁이었기 때문에 몽골의 전쟁 방식은 적합하지 않았다. 심지어 몽골족은 도시를 휩쓸고 유린을 일삼을 때도 그곳에 군대를 배치하지 않거나 형식적으로만 병력을 남겨둘 뿐 전리품을 취해 철수하기에 바빴다. 상황이 이렇다보니 금나라는 도시를 손쉽게 탈환하고 요새를 재건할 수 있었다. 몽골군 만호는 중국 땅을 가로지르며 눈에 보이는 모든 것을 파괴했지만 금은 파괴되기 무섭게 성벽과 댐, 제방, 기타 요새를 재건하고 민간인과 군인들을 다시 채워넣었다. 이처럼 몽골군이 전략적 혹은 전술적 외통수에 걸렸을 때는 적과 대치할 때마다 퇴로가 막혀버렸다. 몽골 장수들이 같은 도시나 성채를 다시 장악하는 경우도 여러 번 있었다.[4] 상황이 이런 만큼 금나라는 몽골에게 유리한 전략적 결정이 내려지는 것을 피할 수 있었던 것이다.

결국 대학살을 통해 공포를 조장하고 분열을 초래하며 패자를 죽여 더 이상 저항을 꿈꾸지 못하게 하는 몽골의 관습에 훗날 서방 세계가 치를 떨었지만 금나라에는 큰 영향을 끼치지 못했다. 잠재 병력이 5000만이나 되다보니 학살을 당해도 빈자리를 대신할 사람은 늘 충분했다. 몽골은 수년간 금을 침략했지만 수천 명이 헛되이 죽어갔는데도 그들을 굴복시킬 수는 없었다. 소모전의 덫에 걸린 몽골은 이길 수 없다는 것을 깨달았다. 지도 3.2는 1211년과 1214년 사이에 몽골과 금이 벌였던 여러 차례의 전투를 나타내고 있다.

칭기즈칸은 금을 공격하기 전에 먼저 후방을 봉쇄하기로 하고 1207년 서하를 공격했다. 2년 전, 몽골은 몇몇 국경도시를 습격하고 국경의 부락 일부를 불태웠었다. 이때가 바로 몽골이 처음으로 요새도시를 만난 시점이다. 그리고 훗날 금나라에서 창병 집단을 처음으로 접한 것도 이때다.[5] 우리는 몽골 기병이 서하의 창보병을 상대로 얼마나 활약을 했는지 알지 못한다. 하지만 보병대가 몽골군을 쫓아낼 기병 증원군이 올 때까지 적어도 한 번은 탁 트인 지대에서 자신의 위치를 고수할 수 있었다는 것만은 알 수 있다. 몽골군이 보병과 방어시설이라는 두 가지 주요 전투 요소를 처음 접한 것도 바로 서하에서였다. 삼림 부족들이 후방에서 싸우기 위해 통나무와 나뭇가지를 쌓아 만든 방어진지 외에 몽골군은 어떤 군사 방어시설도 경험한 적이 없었다. 게다가 몽골은 모든 부족 군대가 기병대로 이루어져 있었기 때문에 보병에 대해서는 거의 무지했다. 서하와의 전쟁(1207~1210)을 통해 몽골족은 이 두 가지 전투 형식에 익숙해진 게 사실이지만 둘 다 폭넓게 알지는 못했다.

1207년, 칭기즈칸은 서하의 병력을 약화시키고 영토를 복속시키기 위해 대대적인 침공을 벌였다. 그러자 서요가 몽골군의 진로를 차단하고자 5만 명의 군사를 보냈는데 접전을 벌인 끝에 서요의 군대가 패하고 말았다. 하지만 두 번째로 보낸 군대는 몽골군과 신속하게 교전을 치르고 두 달 이상 몽골군의 진격을 차단하는 데 성공했다. 구체적인 사실은 알 수 없지만 적어도 몽골이 중무장한 보병을 상대하는 데 다소 어려움을 겪었다는 것과, 서요 기병대가 몽골 기병대에 맞서 유

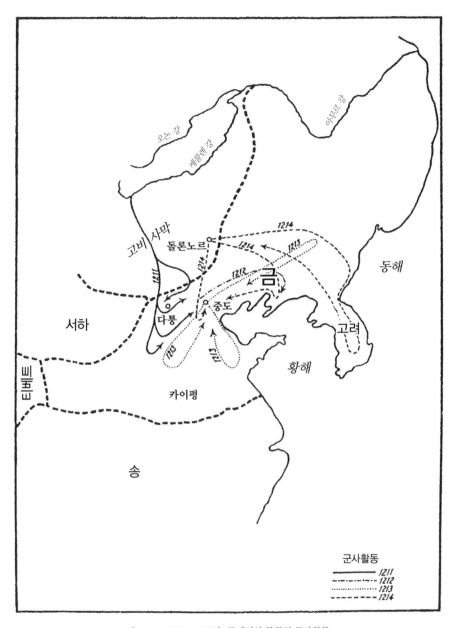

지도 3.2 1211~1215년, 금에서의 몽골의 군사활동

리한 위치를 점할 수 있을 정도로 훈련되어 있었다는 것은 예상할 수 있다. 전통적인 중국의 방식으로 조직된 서하의 군대는 훈련된 보병과 훌륭한 기병대가 힘을 합치면 속도나 제압사격, 전술 전개 면에서 몽골이 점한 우위를 상쇄할 수 있음을 몽골 징수들에게 녹똑히 보여주었다. 이를 통해 뼈저리게 느낀 바가 있었던지 몽골은 훗날 이슬람 및 서구와의 전투에서는 적군이 요지부동이거나 추격 작전 유인에 넘어오지 않을 때마다 적과의 접촉을 끊고 다른 목표를 향해 움직였다.

몽골이 포위 공격전에 관해 처음으로 중대한 교훈을 얻은 것은 우하이鳥海라는 이름의 서하 요새도시에서였다. 몽골 장수들은 몇 주 동안 맹공격하여 도시를 장악하려 했지만 엄청난 사상자만 낼 뿐이었다. 도시를 장악할 수 없게 되자, 칭기즈칸은 전설에 빛나는 기발한 책략을 쓰게 된다. 그는 고양이 1000마리와 제비 1만 마리를 조공으로 바친다면 포위를 풀겠다고 수비군에 제안했다. 수비군은 어리둥절해하면서도 이 제안을 받아들였다. 그러자 칭기즈칸은 부하들에게 고양이와 제비에게 각각 솜뭉치를 달고 불을 붙여서 풀어주라는 지시를 내렸다. 고양이들은 자신의 굴을 찾아 달아나고 제비들도 둥지로 되돌아가자, 도시는 몇 시간 만에 화염에 휩싸였다! 불길이 수비군을 덮치는 사이, 몽골군은 성채를 공격하고 도시를 장악했다. 우하이 공성전에 성공했다고 해서 몽골군이 중국 땅에 넘쳐나는 방어시설을 격파할 전력이 부족하다는 사실을 모르는 것은 아니었다.

1210년에 서하와의 전쟁이 끝나고 칭기즈칸은 몽골에서 연 회의에 지휘관들을 불렀다. 중요한 점은 칭기즈칸이 이 회의에서 지휘관들에게 다음과 같은 메시지를 보냈다는 것이다. '나에게로 와서 내 지시를 받지 아니하고 자기 안방만 지키는 자는 강물에 던져진 돌과 같은 운명을 맞이할 것이다. 어느새 그곳에서 사라져 있을지도……'[6] 자신의 아들인 오고타이의 지휘 아래 칭기즈칸은 부하들에게 공성술을 연구할 것을 주문하고 성곽 공격용 사다리와 모래자루, 포위병을 보호할 대형 방패를 만들어서 공급하라고 지시했다. 모든 부족에게 공성술을 연마할 특수반을 만들라는 명령이 떨어졌다. 장비 이동에 낙타차가 도입되고 특수 무기고가 마련되었다. 이로써 몽골의 공성 능력은 개선되었지만 사실 개선 정도가 그리 큰 편은 아니었다. 그때까지도 몽골은 공병술과 공성 작전에서의 공병의 역할에 관한 세부 지식을 갖추지 못한 상태였고, 중간 규모의 도시 총안흉벽을 제거하는 데 필요한 정교한 공성병기 응용 방법은커녕 그 존재에 대해서도 전혀 알지 못했다. 중국과 이슬람, 서양에서 기본적인 교통시설인 다리가 몽골에 알려지지 않은 터라 몽골인은 어느 누구도 해자를 본 적이 없었고 어떻게 건너야 하는지도 몰랐다. 서하와의 전쟁으로 기본적인 공성술은 터득했지만 금과의 전쟁에 응용하기에는 아주 초보적인 수준이어서 쓸모가 없었다.

금과의 전쟁 이야기에는 수부타이의 활약상이 거의 드러나지 않으며 여기서 다루는 수부타이 이야기는 중국 문헌 한 곳에서 발췌한 것이다. 그런데 공격 계획을 세우고 수많은 후속 작전을 짠 명장 수부타이를 중국 연대기에서 언급하고 있다는 사실은 주목할 만하다. 하지만 그 사실들을 전부로 볼 수는 없다. 결과적으로 칭기즈칸은 아직 살아 있었고 승리는 늘 지휘자에게 돌아가기 마련이다. 물론 흐와리즘 샤와의 전쟁이나 훗날 러시아 및 서구와의 전쟁에서 수부타이의 활약상을 더 자세히 그리고 확실하게 알 수 있지만, 우리는 단 세 가지 사실을 통해 금과의 전쟁에서 수부타이가 어떤 역할을 했는지 분명히 파악하게 된다. 첫째, 처음 금을 공격할 때 수부타이는 전위부대로 구성된 1만호를 맡아 만리장성을 맹공격하고 나중에는 산시 성山西省에서 전투를 치렀다. 둘째, 무칼리가 거란족을 정벌하러 떠났을 때 만주를 넘어 고려를 공격한 사람이 수부타이였다. 셋째, 1231년과 1233년 사이 수부타이는 금나라에서 몽골군 지휘를 맡아 전투를 승리로 이끌고 최종적으로 카이펑부를 포위함으로써 전쟁을 종식시켰다.

만리장성 공격

1211년, 칭기즈칸은 케룰렌 강둑에 몽골군을 집결시켰다. 동남쪽으로 약 650킬로미터를 지나 거대한 고비사막을 가로지르면 금나라의 북쪽 국경이 만리장성의 품안에 자리하고 있었다. 몽골군은 10만에서 12만 명에 이르는 사상 최대의 군대를 전장으로 내보냈다. 때는 눈이 녹는 이른 봄이었고 고비사막을 지나는 길에는 엄청난 수의 군사들이 마실 물과 우마에게 줄 먹이도 충분했다. 전위부대를 한참 앞선 곳에서 정찰대가 길잡이 역할을 했다. 무엇보다 보안이 중요했기 때문에 길을 지나는 사람은 모두 잡혀서 구금되거나 때로 처형되기도 했다. 정찰대 다음으로는 야간 숙영지를 고르고 물과 음식이 충분한 곳을 확보하는 병참 무관인 유르트치가 그 뒤를 이었다. 유르트치 다음으로 전위 만호들이 뒤따랐는데 이들은 넓게 퍼져서 행군하면서도 동일한 목표물, 즉 만리장성의 동쪽 돌출부를 공격했다. 전위부대를 이끌던 수부타이가 1만호를 지휘하는 동안 무칼리와 제베는 2만호를 맡았다. 그리하여 총 3만 명의 몽골 기병이 만리장성을 향해 돌진했다. 칭기즈칸이 직접 지휘한 8~9만 명의 강한 본대는 진로와 최종 목적지를 금에게 들키지 않도록 멀찍이 떨어져서 뒤쫓아갔다.

앞에는 금의 땅과 북쪽의 만리장성을 방패로 거대한 평원에 세워진 난공불락의 요새인 금의 수도 중도가 펼쳐져 있었다. 만리장성 안에는 50~100킬로미터 떨어진 곳에 두 개의 벽이 더 있었는데, 경사진 언덕을 따라 지어져 있어 자연스럽게 장애물로 활용할 수 있었다. 안쪽 벽을 따라서 그 뒤에는 수도를 견고하게 방어할 목적으로 세워진 거대한 요새망이 있었다. 금의 정보병들이 동쪽 벽을 향해 곧장 진격하던 몽골 전위부대를 여러 번 발견하자, 금의 장수들은 예상대로 반응했다. 엄청난 수의 군사가 재빨리 중도 가까이에 집결함과 동시에 전위 요새와 거점, 성벽 수비대 등의 방어는 강화되었다. 덫을 놓은 금은 수부타이가 만리장성을 공격하기만을 기다렸다. 마치 기대에 부응이라도 하듯이 수부타이와 3만 명의 병사는 곧바로 그들에게로 향했다.

그러던 중 서쪽에서 끔찍한 소식이 전해졌다! 만리장성 동쪽으로 향하던 수부타이의 진격과 시위는 속임수였던 것이다. 금의 주력군이 수도 북쪽으로 집결하던 사이 서쪽으로 약 200킬로미터 떨어진 곳에서 칭기즈칸과 몽골군의 본대가 화살 한 발도 쏘지 않고 만리장성을 넘었다. 이 부분의 성곽은 금이 아니라 몽골족과 친족관계인 옹구트족 군대가 지키고 있었는데 그들은 몽골 정보병들이 몇 년 동안 공들여 맺어놓은 동맹이었다. 금에 계속해서 충성하며 몽골 대군과 싸울 것인지 아니면 몽골 편에 설 것인지를 결정해야 할 기로에 놓인 옹구트는 결국 몽골과 손을 잡고 몽골군을 서쪽 총안흉벽으로 순순히 통과시켰다. 동쪽에서는 수부타이가 접촉을 끊고 성벽에서 물러난 뒤에 사라졌다.

크게 허를 찔린 금나라 장수들은 빠르게 이동해 서쪽으로 군대를 배치함으로써 몽골 주력군과 수도 사이를 지키게 된다. 그들은 몽골군이 중도로 진격하는 것을 막기 위해 서쪽으로 이동하기 시작했지만 보병대의 이동 속도에는 한계가 있었다. 금의 기병대는 빨랐지만 전술 교범상 전장에서 항상 보병대를 조종해야 했기 때문에 속도를 더 낼 수도 없었다. 소수의 전위 정찰부대를 제외한 나머지 금나라 군대는 자신들의 땅에서 힘겹게 칭기즈칸의 본대를 찾아 곳곳을 헤맸다. 이러한 상황에서 결전의 장소를 선택할 수 있게 된 몽골은 산시 성을 가르는 산맥과 국경 사이를 지나는 길들이 뻗어나온 곳에 형성된 탁 트인 평원을 선택했다.

칭기즈칸은 그 길을 지나 한 부대씩 탁 트인 평원에 입성해 금나라 군대를 어렵지 않게 조금씩 공격할 수 있었다. 이상하게도 칭기즈칸은 금나라 군대가 끝까지 행군하여 평원에서 전투 대형을 형성하게 했다. 전투에 배치된 금나라 군대는 보병을 촘촘하게 배열하고 양익에 기병대를 세웠다. 혹자는 갑옷과 투구, 방패로 중무장한 창보병 밀집군이 있었을 것이라고 추측한다. 반면에 나머지 보병 중 대다수가 무기는 갖추었지만 갑옷이 없고 전투 기술도 부실한 징집 보병이었을 것이다. 기병대는 좋은 말을 타고 중무장한 귀족들로 이루어졌는데, 이들의 체중은 몽골족보다 더 나갔지만 속도나 전술 전개, 화력 면에서는 상대가 되지 않았다. 금나라 군대는 아마도 수적으로 몽골군을 앞섰을 것이고 칭기즈칸이 싸움터를 탁 트인 곳으로 정한 것은 기습이나 전술 전개 면에서 몽골군에게 유리하게 만들기 위함이었던 듯하다. 그렇게 회전이 벌어지게 된다. 승리는 자신의 위치를 지켜내고 상대를 많이 죽이는 자의 몫이 될 것이다.

공격은 몽골이 먼저 시작했을 가능성이 높다.

경비병대가 대담하게 적군 앞을 스쳐 지나가면서 밀집해 있는 금나라 보병 대형을 일제사격 했을 것이다. 중보병대는 그럭저럭 전투를 이어간 것 같지만 괴멸된 징집 보병들은 모두 그 자리에서 죽거나 달아났다. 몽골군은 이제 중기병대를 투입해 본격적인 공격을 개시하고 전선 전체에 걸쳐 적의 기병대와 교전을 벌였지만 날개 구역에서는 고전을 면치 못하고 있었다. 금이 몽골의 정면 공격에 맞서서 버티자, 전투는 오전 내내 치열하게 펼쳐졌다. 그러다가 정오가 되기 직전에 수부타이와 3만호가 양쪽 측방과 후방에서 금군을 동시에 공격해왔다. 수부타이의 행렬은 마치 도깨비처럼 홀연히 나타났다. 몽골 전위부대는 분명 만리장성 동쪽 벽을 공격하는 척하다가 진격을 중단하고 사라졌었다. 금나라 군대가 동쪽 벽에서 전장까지 200킬로미터를 도보로 행군하는 동안, 수부타이는 칭기즈칸의 본대가 만리장성을 통과했던 바로 그 지점을 넘어가고 있었다. 수부타이와 그의 만호는 성벽 둘레 전체 거리를 말을 타고 이동해 몽골 본대를 따라잡았다. 그들은 산과 언덕 능선을 따라 눈에 띄지 않게 이동한 것은 물론, 금군이 평원으로 내려오면서 형성할 것으로 예상되던 진군 축의 양쪽을 포진했다. 그리고 측방에서 기습 공격을 하기 전에 몽골군과 금군이 본격적인 교전을 벌일 때까지 그곳에서 기다렸다. 결국 금나라 대군은 네 방향에서 공격을 받고 산시 성 전투에서 전멸했다. 몽골군 앞에 금의 모든 지역이 펼쳐졌다. 지도 3.3은 산시 성 전투로 이어진 몽골-금 전쟁의 초기 단계를 나타내고 있다.

고려

산시 성에서 승리한 뒤 몽골은 3년 동안 금의 땅을 누비며 군대를 하나하나 불태우고 살육하며 쓰러뜨렸다. 금의 황제는 여전히 항복을

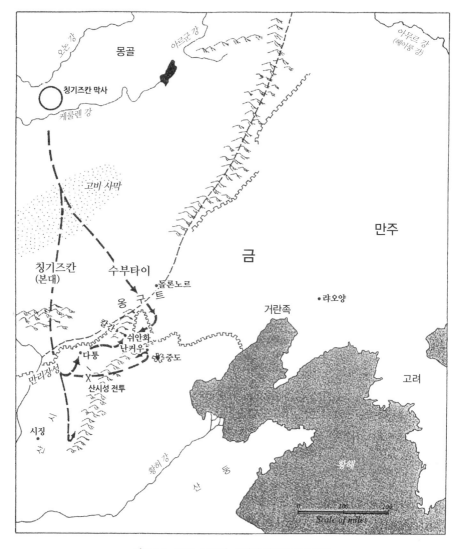

지도 3.3   1211~1215년, 금과의 전쟁의 초기 단계

거부하고 있었고 중도의 거대한 성채 또한 저항을 멈추지 않았다. 곳
곳에서 금의 장수들이 몽골로 이탈해 어느새 몽골군을 돕는 46개의
금나라 사단이 생겨났다.[7] 이 많은 부대 중에는 공성부대도 분명히 있
었을 것이므로 몽골이 처음으로 금의 세련된 공성병기와 그 운용 방
식을 제대로 알게 된 것은 바로 이 시기라고 볼 수 있다. 이때 얻은 지
식은 훗날 이슬람과 서구와의 싸움에 응용된다. 칭기즈칸은 군대를
세 기동부대로 나누어 금나라 영토 곳곳에 파견했다. 그중 칭기즈칸
의 동생 카사르가 이끈 부대는 동쪽으로 이동해 만주 남부 지역을 향
했고, 칭기즈칸의 아들인 주치가 이끈 부대는 산시 성의 고원을 지나
남쪽으로 이동했으며, 칸이 직접 지휘한 부대는 금나라의 낮은 평원
을 지나 동남쪽으로 이동했다. 이 기동부대들은 반년 만에 90개 도시
와 요새를 점령하고 불태웠으며 농촌은 황폐해졌다. 시체들이 벌판에
서 썩어가거나 강물에 떠내려갔다.[8]

금은 끔찍한 피해를 입었음에도 항복을 거부했고 황제는 여전히 수
도 성벽 안에서 안전하게 있었다. 중국처럼 땅덩이가 넓은 나라를 본
적이 없었던 몽골은 금의 저항력에 당황했다. 칭기즈칸은 자신의 군
대로는 방대한 중국 땅을 결코 정복하고 지배할 수 없을 것임을 깨닫
기 시작했다. 그러나 막대한 피해를 입은 금의 전력이 크게 약화된 것
은 사실이었다. 칭기즈칸은 금이 전력을 회복해 다시 몽골을 위협하기
까지는 몇 년이 걸릴 것이라고 생각했다. 그래서 금과 평화협정을 벌여
휴전을 이끌어냈다. 칭기즈칸으로서는 전리품을 가지고 만리장성 너
머로 후퇴시키는 것만으로도 만족이었다. 때를 놓친 대칸은 고비사막
에 찌는 듯한 무더위가 찾아오자, 돌론노르(뒤룬多倫)로 물러나 여름
이 지나가기를 기다렸다. 함께 데려온 수천 명의 금나라 군사 및 민간

인 포로들도 먹여 살려야 하는 터여서 칭기즈칸은 입을 줄이기 위해 즉시 처형을 명령했다.

몽골과 평화협정을 맺은 지 1년도 채 못 되어 금나라 황제는 수도를 중도에서 황허 강 너머 카이펑부로 옮겼다. 중도는 몽골의 공격으로 몹시 취약해진 데 반해, 카이펑부는 방어성이 더 좋고 몽골군과의 거리도 더 많이 떨어져 있었다. 칭기즈칸은 금의 이러한 행동에 대해 황제가 약속을 지킬 생각은 없고 전쟁 재개를 계획하는 조짐으로 여겼다. 몇 달 지나지 않아 금나라 장수 완안호사完顔胡沙는 새로 군대를 일으키고 오래된 성채를 보강하기 시작했다. 마치 땅에서 갑자기 솟아오른 듯한 이들 군대는 북쪽 키타이(거란)를 향해 진군했다. 금과 몽골이 협정을 맺음으로써 키타이 왕자와 그의 나라는 독립성이 보장되어 있었기 때문에 금이 군사를 몰고 와서 공격하자 키타이는 칭기즈칸에게 신의를 지킬 것을 요구했다. 궁지에 몰린 동맹을 내버려둘 수 없었던 칭기즈칸은 키타이를 방어할 병력으로 무칼리의 군대를 보냈다. 늘 남들이 곤란할 때를 노려 기회를 잡았던 칭기즈칸은 수부타이의 군대를 만주로 보내 금의 고향 땅을 벌하기로 했다. 1214년 가을과 초겨울에 수부타이는 마치 회오리바람처럼 만주를 급습하여 대칸을 불쾌하게 한 벌로 죽음과 파괴를 선물했다.

그런데 이상한 일이 일어났다. 임무를 수행한 수부타이가 대열을 남쪽으로 돌려 고려와 만주의 경계인 압록강을 건넌 것이다. 수부타이가 그런 공격을 감행한 이유는 확실히 알 수 없지만 몇몇 학자는 수부타이가 눈앞에서 후퇴하고 있는 금의 부대를 추격하다가 의도치 않게 고려를 침범했을 것이라고 추측한다.[9] 수부타이의 군대는 아마도 2만호나 3만호를 넘지 않아 어찌 됐든 한반도에서 지속적으로 군사활동을 전개하기에는 상황이 여의치 않았을 것이다. 그러나 그의 전위부대를 가로막는 저항은 그리 크지 않아 수부타이는 남쪽으로 밀어붙여 고려의 서경西京(지금의 평양平壤) 변두리까지 도달했다. 고려는 상당한 병력을 보유하고 있고 곳곳에 성채와 군사 거점을 세워두고 있어 수부타이의 진군을 저지할 수도 있었지만 오히려 상황을 평화롭게 받아들이고 수비대를 계속 지키고 있었다.

W. E. 헨토른은 고려가 편의를 도모한 데에는 지정학적이면서 그럴 만한 타당한 이유가 있었다고 주장한다. 고려는 만주의 지배 세력과 종속관계를 맺으며 늘 독립 왕국으로 존재해왔다. 그 지배 세력이 키타이든 금이든 아니면 그들 이전의 주르킨(여진족)이든, 고려인들은 그들의 우세함을 인정해주고 그들의 요구를 받아들임으로써 살아남았다. 몽골군의 유입을 고려가 묵묵히 수용했다는 것은 몽골을 이제 복종해야 할 만주의 지배 세력으로 인정했다는 뜻이다. 그런데 막상 몽골은 만주를 지배할 힘이 충분하지 않았고 그런 사실이 뚜렷해지자, 고려는 공공연한 전쟁을 통해 몽골과의 관계를 끊었다.[10] 이 일은 거의 30년간의 산발적인 전쟁으로 이어진다. 1231년에는 칭기즈칸의 후계자인 오고타이칸이 금을 영원히 무릎 꿇리기 위해 대규모 전투를 계획해 그 일부를 실행했다. 이런 일들이 있은 뒤 고려는 결국 몽골 제국의 종속국이 되었다.

카이펑부 공격

1215년 중도는 마침내 몽골군에게 함락되었다. 칭기즈칸은 그 후 2년 동안 돌론노르에 더 머물렀다. 그러다가 본토의 사정과 서부 국경으로 주의를 돌려 1217년에 몽골로 돌아와 다시는 중국 땅에 발을 들여놓지 않았다. 무칼리는 몽골 2만호와 몇몇 거란족 사단과 함께 남아서 금을 상대로 작전을 계속해나갔다. 그는 7년 동안(1217~1223) 금에서 군사활동을 계속해 금의 군대를 허난 성河南省으로 국한시키는데 성공했다. 1217년에는 허베이 성河北省 중부에 있는 거대한 요새 다밍大名을 장악했고 1년 뒤에는 산시 성 성도와 몇몇 주요 요새를 점령했다. 그러나 연일 훌륭한 전과를 올렸음에도 불구하고 무칼리는 이전의 칭기즈칸과 마찬가지로 전략적 결정권을 가질 수 없었다. 자연 방어물과 인공 요새로 뒤덮인 데다 인구가 5000만 명이나 되는 금의 땅은 여전히 방대했고 몽골군이 아무리 탁월하게 전과를 올려도 이 상황을 바꿀 수는 없었다. 몽골은 소수의 만호로는 승리를 꿈꿀 수도 없는 긴 소모전의 덫에 걸렸음을 깨달았다. 그럼에도 무칼리는 1223년 사망할 때까지 군사활동을 계속했다. 그가 사망한 뒤에는 다른 몽골 지휘관이 주로 거란족과 여진족 원군을 이끌며 전쟁을 질질 끌었다. 하지만 몽골군은 금과 전쟁을 치르면서 한 가지 영역에서만큼은 귀중한 경험을 얻었다. 바로 공성전을 치르는 방법을 습득한 것이다. 몽골은 생포한 금나라 기술자들을 이용해 정교한 금의 공성병기를 사용하는 방법을 배우고 다양한 공성 요소를 잘 조합해 금의 요새를 파괴하는 방법도 알아냈다. 몽골군은 금나라 기술자들과 함께 이 공성병기들을 가지고 귀환하여 훗날 이슬람 및 서구와의 전투에 그들을 이용했다.

1227년에 칭기즈칸이 사망하고 2년 뒤, 몽골 쿠릴타이 족장 회의에서는 그의 아들인 오고타이를 후임으로 선출했다. 그렇지만 지성이 뛰어난 오고타이는 말 위에서의 거친 삶보다 안락한 궁실생활을 선호했다. 게다가 그는 자주 술에 빠져 있었다. 오고타이는 몽골 외교 정책에 대해 자신의 확고한 의지를 보여줄 수 없었기 때문에 그의 고문들 사이에서는 칸의 지지를 얻기 위한 다툼이 벌어졌다. 지금의 제국 규모로 만족하는 사람들과 수부타이를 주축으로 아직 이루어야 할 것이 많다고 생각하는 사람들로 편이 나뉘었다. 수부타이는 금나라 황제가 황허 강 너머 새 성채에서 여전히 무사히 지내고 있다는 사실과 몽골이 아직 남송에는 발도 디뎌보지 못했다는 사실을 오고타이에게 상기시켰다. 서쪽으로는 몽골이 지배해야 할 러시아 대공들과 유럽 왕들의 영토가 있었다. 쉰네 살이 된 수부타이는 칭기즈칸의 오를로크 중 남아 있는 마지막 인물이었다. 나머지(제베, 쿠빌라이, 보오르추, 젤메, 무칼리)는 모두 죽었다. 카르피니가 언급했듯이 수부타이는 전형적인 몽골인이었다. 전쟁과 모험으로 삶을 채워온 그는 지도자가 바뀌어도 변함없이 같은 삶을 살았다. 그것이 진정한 몽골인의 삶이었기 때문이다. 그의 관심사는 제국을 통치하는 것이 아니라 오로지 제국을 정복하는 것뿐이었다. 몽골 최고의 명장이 된 용장 수부타이는 이제 금과의 전쟁을 재개할 때가 되었다며 칸을 설득했다. 오고타이는 수부타이에게 공주를 아내로 주며 동의를 표했다.[11] 오고타이는 비록 안락한 궁실생활을 선호했지만 칭기즈칸의 아들이었기에 금나라에 출정을 하되 자신은 이름만 내세우겠다고 했다. 수부타이는 그에 아랑곳하지 않고 작전을 짠 다음 야전에서 군대를 지휘하며 작전을 수행했다. 오고타이의 동생인 툴루이도 야전 지휘관이었지만 수부타이는 툴루이의 만호에 속한 장수들이 야전 지휘관의 경험을 쌓을 수 있도록 정성을 쏟았다. 이는 툴루이 예하 부대들이 전체 작전 지도에 따라 운영될 수 있도록 하기 위함이었다.

　금 황제는 중도를 버리고 비옥한 허난 성의 영토인 카이펑부로 도읍을 옮겼다. 그곳에는 자연이 만든 튼튼한 장벽이 있어서 안전했다. 도시 바로 북쪽으로는 물살이 빠르고 거대한 황허 강이 있었으며 서쪽으로는 요새화된 친링산맥秦嶺山脈과 더불어 산맥 북쪽 퉁관潼關에 튼튼한 성채가 있었다. 그리고 남쪽으로는 양쯔 강이 수도의 후방을 지키고 있었다. 그 너머로는 바다였다. 금군은 시간을 벌 만한 심층 전략이 거의 없었고 전쟁에서 병력이 약해질 경우 죽음을 피할 길이 없었기 때문에 필사적으로 싸워야 했다. 허난 성에 펼쳐진 평원 곳곳에는 군사 거점과 성채가 있어 수도로 들어오는 적군의 속도를 늦추는 역할을 했다. 또한 수도 자체가 65킬로미터나 되는 방어벽으로 둘러싸인 이 도시는 인구가 400만 명이었다.[12] 금 황제는 여전히 여유롭고 강력했으며 대군을 거느리고 있었다. 그러나 금나라 장수들은 몽골족과의 전쟁을 통해 탁 트인 전장에서는 금의 군대가 몽골의 전술과 흉포함에 매우 취약하다는 귀중한 교훈을 얻었다. 그들은 야전에서 몽골과 싸우려고 했던 것이 아니라 방어 태세를 취해 전위 요새와 거점들 사이에 군대를 배치하고 몽골군을 그곳으로 유인해 병력을 소모케 할 생각이었던 것이다.

수부타이도 일찍이 금과의 전투에서 쌓은 경험을 통해 배운 것이 있었다. 그는 군대를 벽으로 둘러싸인 성채와 깊은 강 그리고 범람한 평원에 던져넣는 것이 얼마나 헛된 일인지를 알았다. 몽골인에게조차 금나라의 지형은 쉽지 않은 과제였다. 그가 금을 쓰러뜨리려면 어떻게든 금나라 군대를 방어벽에서 나오게 하여 탁 트인 대지에서 싸워야 했다. 물론 전투 초기 단계에는 금나라 국경 요새를 제압하는 것이 우선이었을 테지만 국경 요새들의 크기가 보잘것없는 정도였기에 몽골 공성 부대는 아군에게 큰 피해를 입히지 않고 요새를 제압할 수 있었다. 하지만 금의 요새가 계획대로 착착 쓰러져간 것은 아니다. 국경 요새 공격이 빛을 발하려면 몽골군이 북쪽에서 본공격을 하러 들어옴과 동시에 정반대 방향에서 또 다른 부대가 들어오고 있다는 것을 금군이 믿어주어야만 했다. 그러면 금나라 장수들은 아마도 억지로라도 전투를 개시했을 것이다. 그랬다면 몽골군은 신속하게 병력을 집중시켜 적을 섬멸할 수 있었을 것이다.

수부타이가 세운 작전의 핵심은 금군이 계속 북쪽과 서쪽만 바라보게 하는 것이었다. 몽골은 중도에서 작전을 펼쳤고 금은 논리적으로 볼 때 당연히 북쪽에서 진격해오리라고 생각했다. 금의 방어선은 북쪽과 서쪽이 가장 튼튼했다. 그래서 수부타이가 (공성병기와 함께) 몽골군 좌익을 움직여 황허 강을 따라 배치된 북쪽 방어선을 공격하기 시작했을 때 금나라 장수들은 주력군을 투입해 몽골군이 강을 건너지 못하도록 막았다. 수부타이는 먼저 국경 요새의 병력을 줄인 다음, 강에 있는 몇몇 작은 요새를 공격해 직접 강을 건널 준비를 했다. 몽골보다는 중국식에 더 가까운 이런 공격 방법은 성과를 보기까지 오랜 시간이 걸렸다. 그럼에도 시간은 무척 빨리 흘러 금나라 장수들이 북쪽에서 들어온 수부타이의 공격에 정신이 쏠려 있는 동안, 저 멀리 서쪽에서는 최후의 파멸을 선사할 도구들이 이미 행군 길에 올라 있었다.

수부타이는 툴루이를 명목상의 지휘관으로 내세우고 숙련된 장수들이 작전을 지휘하게 하여 서쪽과 남쪽을 휩쓸 병력으로 3만호(3만 명)를 보냈다. 툴루이의 군대는 척박하기 짝이 없는 고비사막의 남쪽을 돌아 만리장성을 통과해 금나라 서쪽의 산악지대로 들어가야 했다. 그곳에서는 티베트의 산봉우리들을 멀리서 볼 수 있었다. 툴루이의 군대는 쓰촨 성四川省의 산길을 올라가 비옥한 송나라 분지로 내려가기로 했다. 숙적인 금을 제압하지 못해 안달이 나 있던 송이 몽골의 진출을 막을 리 없다는 것이 수부타이의 생각이었고 실제로 툴루이의 군대가 송의 영토를 통과하자, 송은 곧바로 길을 터주었다. 탁 트인 지대에 입성한 툴루이는 재빨리 웨이허 강渭河江 상류를 건너 북쪽으로 방향을 돌린 뒤 평원과 수도 사이의 산맥으로 이동했다. 산맥을 지나 평지로 내려온 뒤에는 카이펑부 방향으로 행군했다.

금나라 수도에 또다시 나쁜 소식이 전해졌다. 이번에는 남쪽에서 온 소식이었다. 툴루이의 군대는 한 번도 들키지 않고 이동해 전략적 기습을 감행했다. 정보병들은 황허 강 너머 수부타이의 공격이 속임수일 뿐이고 몽골 주력군이 남쪽에서 접근하고 있었다는 결론 하에 뒤늦게 도착한 금나라 장수들이 툴루이의 군사 규모를 과장했을 것이라고 보고한다. 위협을 느낀 금나라 장수들은 북쪽 방어선을 지키고 있는 본대에 지시를 내려 각자의 요새에서 철수하고 수도의 후방으로 신속하게 이동해 남쪽에서 접근해오던 몽골 군대를 막게 했다. 강을 지키던 수비 병력이 약해지자 수부타이는 본격적으로 강 건너편을 공격할 준비를 하며 금의 수도를 향해 행군했다.

툴루이는 이미 수도를 공격할 수 있는 위치까지 왔지만 금이 군대를 재배치하여 눈앞에 나타날 때까지 기다렸다. 그는 서쪽으로 대장정을 떠나기 전에 노련한 수부타이에게 금과의 싸움은 과연 어떻게 될 것인지를 물었었다. 수부타이는 이렇게 말했다. '금나라 사람들은 성곽도시에서 살아왔기 때문에 피로를 견디지 못한다. 끈질기게 괴롭히면 전투를 쉽게 이끌어갈 수 있을 것이다.'[13] 툴루이는 가슴에 새겨둔 수부타이의 말을 떠올리며 그의 앞에 나타난 금군을 괴롭히기 시작했다. 툴루이의 병사들은 오랜 행군과 어려운 상황들로 인해 몹시 야위어 있었다. 가을의 끝자락에 다다르자, 그들이 지나온 산들은 이내 혹독한 추위에 뒤덮일 터였다. 툴루이는 수부타이가 말한 지혜로운 조언을 시험해보기로 했다. 그는 금군이 포진한 곳에 연달아 소규모 습격을 감행해 자신의 군대를 따라오게 만들 계획을 세웠다. 금나라 장수들은 몽골군의 상태가 좋지 않은 것을 보고 대규모 공격을 지시했다. 툴루이는 움직일 때마다 상대를 괴롭히고 저항하며 후방에 있는 산속으로 천천히 후퇴했다. 험한 지형에서 전술을 전개하는 능력은 뒤쫓아오는 금나라 보병보다 몽골군이 훨씬 더 뛰어났다. 심지어 툴루이의 부대들은 금군 뒤쪽 둘레를 돌며 화물대열을 여러 번 파괴하기도 했다. 몽골 궁병들도 험한 지대에서 고군분투하며 금나라 보병대에 큰 타격을 가했다. 금군이 계속해서 압박해오자, 툴루이는 춥고 눈 내리는 산속으로 점점 더 높이 후퇴했다. 때는 이미 겨울이어서 눈보라가 몰아치기 시작했고 수많은 금나라 병사가 추위에 목숨을 잃고 말았다. 몽골족은 추위에 익숙한 데다 망토와 모자로 단단히 무장해 추위는 피할 수 있었다. 하지만 몽골군도 보급 물자가 고갈되고 사냥감이 부족해지면서 상황은 점점 더 어려워졌다. 몽골군은 말고기를 먹거나 간혹 시체를 먹기도 했다. 상황은 나빴지만 금의 군대를 괴롭히는 정도 또한 더 심해졌다. 금나라 장수들은 엄청나게 빠른 몽골군 대열을 쫓아갈 수 없었고 추워진 날씨에 군대는 하루하루 무너져갔다. 하지만 몽골 주력 부대를 산속에 가두고 괴멸시킬 수 있다면 그런 어려움은 충분히 감수할 만했을지도 모른다. 문제는 툴루이의 군대가 몽골 주력군이 아니었다는 것이다.

　금군이 툴루이를 쫓아가는 사이에 수부타이와 주력군은 국경 수비대를 제압하고 황허 강을 건넜다. 남쪽 둑을 지키던 금나라 수비대는

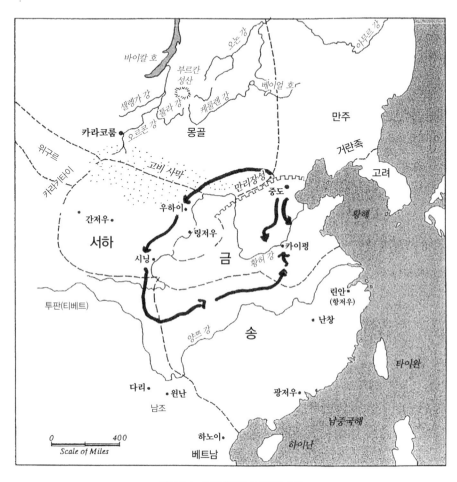

지도 3.4　수부타이의 카이펑부 공격

주요 부대들이 툴루이를 쫓아 남쪽으로 이동할 때 이미 약해져 있었기 때문에 수부타이의 공격에 순식간에 괴멸되었다. 툴루이의 군대가 몽골의 주력 부대라고 믿고 있던 금나라 장수들은 툴루이의 양동 작전에 속아 이제 북쪽에서 들어오는 수부타이를 상대하기에 매우 불리한 위치에 놓였다. 거의 공황 상태에 빠진 금나라 군대는 툴루이 추격을 중단하고 방향을 북쪽으로 돌려 수부타이의 군대를 저지하기로 했다. 금군이 자신을 코앞에 두고 퇴각하는 모습을 본 툴루이는 후퇴를 멈추고 공격에 나서서 금이 수부타이와의 교전에 대비해 부대를 재배치하려 할 때마다 금의 후방을 끊임없이 공격하고 괴롭혔다. 툴루이의 맹렬하고 잦은 공격에 시달리며 우여곡절 끝에 수도 가까이에 온 금군은 성급한 퇴각으로 인해 이미 지리멸렬하는 군대가 되어 있었다.

수부타이는 아주 탁월한 전술 전개로 금군이 방어 태세를 풀도록 유도했다. 그는 먼저 툴루이가 서쪽 끝으로 움직이는 동안 북쪽에서 한 차례 공격이 들어올 것이고 결국 남쪽에서 카이펑부를 위협해올 것이라고 금군이 믿도록 만들었다. 툴루이의 군대가 주력군이라 믿었던 금은 서쪽에서 들어오는 위협에 대응하고자 황허 강 방어 진지들의 전력을 줄였다. 그 덕분에 수부타이는 강을 건널 수 있었고 금군이 툴루이를 상대하느라 바쁜 틈을 타서 수도로 진격했다. 금은 툴루이의 움직임이 속임수였다는 것과 수부타이의 주력군이 북쪽에서 압박해오고 있다는 사실을 뒤늦게야 깨달았다. 수부타이의 진격을 늦춰 시간을 벌어야 했던 금은 북쪽 주둔군을 재배치해 공격을 저지토록 했다. 금나라 장수들은 수도 주변의 강둑을 파괴해 물을 범람시키라는 지시를 내렸지만 수부타이는 금과 수년에 걸쳐 전투를 벌인 경험을 바탕으로 그들의 수를 이미 간파하고 있었다. 그는 병사들을 이미 전방으로 먼저 보내 강둑을 장악하게 하고 금의 공격으로부터 그곳을 사수하게 했다. 금군이 남쪽에서 올라와 마침내 수도가 보이는 곳에 이르렀을 때는 툴루이도 바짝 뒤쫓아와 있었다.

수부타이 군은 아군과 적군 사이의 거리를 좁혀 자신의 군대를 금군과 수도 사이에 배치시켰다. 그러고는 뛰어난 전술로 북쪽과 남쪽의 금나라 군대를 모두 들판에 가두고 퇴로를 차단했다. 몽골군은 빠른 속도와 전술 전개, 화력 등을 이용해 우리에 갇힌 가축 신세가 된 금나라 군사들을 사정없이 학살했다. 도시 성벽 안에는 황제와 100만 명의 주민이 갇혀 있었다. 며칠 지나지 않아 수부타이는 도시를 포위했다. 오고타이는 장수들의 승전 소식에 기뻐하며 수부타이에게 도시를 휩쓸어버리라는 지시만 남긴 채 툴루이와 함께 금을 떠나 몽골 초원으로 향했다.

금과의 전쟁 초기에 몽골은 도시를 장악하는 방법이 원시적이어서 실패할 때가 많았다. 결국 거의 20년 동안 전쟁을 치르고 나서야 몽골은 공성술의 비밀을 터득했다. 수부타이는 이제 금나라의 많은 공성 장치와 인적자원을 완벽하게 조합해 금나라 수도를 무찌르는 데 활용했다. 먼저 그는 수비대를 안에 가두고 길이가 무려 90킬로미터나 되는 목조 대루對壘 포위군이 적의 요새의 둘레에 쌓는 참호·포루를 건축해 탈출은 꿈도 꾸지 못하게 만들었다.[14] 금나라 포로병들은 투석기로 끊임없이 화로를 투척해 도시 건물들을 불태웠다. 몽골군에게 잡힌 금나라 포로들은 강제로 나무 벽에 땔감을 쌓고 불을 지펴 자국민의 탈출을 막아야 했다. 그러자 금나라 수비대는 한 치의 망설임도 없이 이들 자국민을 향해 활을 쏘았고 이 과정에서 수천 명이 죽었다. 금나라 수비대는 자국 투석기와 투척병기로 대응하는가 하면 심지어 무시무시한 화포火砲도 사용했다. 화포라는 무기에 대한 묘사는 다소 막연하지만, 그 묘사대로라면 화포는 방어벽 구멍을 통해 바깥쪽으로 내민 기다란 대나무 통으로 끝부분은 몽골 진영이나 병기 쪽을 향하고 있었다. 완연 도화선으로 점화되어 대나무 통이 폭발하면 땅에는 시커먼 연기 구덩이가 만들어졌다. 이처럼 원시적인 대포를 쓴다는 것이 금나라 입장에서 그리 획기적인 아이디어는 아니었을 테지만, 화포가 살상 효과는 그리 크지 않더라도 강력한 심리전 무기였다는 것은 인정해줄 만하다.

수부타이의 군대는 엿새 동안 사닥다리를 타고 올라가 도시를 공격했지만 아무런 성과도 거두지 못했다. 중국 기록에서 이야기하는 아주 흥미로운 사건이 일어난 시기가 바로 이때였다. 어느 날 몽골군의 포로가 되어 막사로 끌려간 금나라의 한 무관(아마도 장수였을 것이다)이 자신을 억류하고 있는 사람에게 위대한 수부타이가 누구냐고 물었다. 마침 지나가던 수부타이가 우연히 그 말을 듣고 포로에게 말했다. "죽을 때가 머지않은 자가 나에게 무슨 볼일이 있는가?" 그러자 금나라 무관이 이렇게 대답했다. "과연 당신과 같은 정복자는 우연히 만들어진 것이 아니라 운명적인 존재로군. 이제 당신을 보았으니 나는 죽어도 좋다!" 중국 연대기 작가들은 금나라 무관이 예정대로 처형당했다고만 적었을 뿐, 수부타이가 뭐라고 대답했는지는 기록하지 않았다.[15]

한여름의 열기는 공격자와 수비자 모두를 숨 막히게 했다. 도시 안에서는 기아 피해가 심각했다. 중국 연대기 작가들은 주민들이 말고기를 찾아 먹거나 안장의 가죽과 뼈를 잡초나물와 섞어 죽을 끓여 먹었다고 기록한다. 심지어 군사용 북에 붙어 있는 동물 가죽을 먹기도 했다. 머지않아 금은 고기를 얻기 위해 죄수들을 죽이기 시작했다. 그러자 끔찍한 전염병이 창궐했다. 속도와 기동성이 좋은 몽골군은 한곳에 오래 머무르지 않는 편이어서 기동성이 떨어지는 군사들만큼 질병에 자주 걸리지는 않았다. 노병 수부타이는 도시 근처에 머무를 경우 전염병으로 자신의 군대가 위험에 처하리라는 것을 알았다. 이에 금과 협상을 벌여 포위 해제를 제안했다. 수부타이는 자신의 제안이 속임수가 아니라는 것을 증명하기 위해 도시 밖으로 군대를 철수하는 대신 몇 명의 대신은 남겨두고 가겠다고 했다. 금나라는 포위가 풀린다는 생각에 제안을 수락했고 수부타이는 오염된 곳에서 군대를 철수시켰다. 전염병의 습격을 받은 금나라 수비대는 무력해졌지만 수부타이의 군사들은 큰 영향을 받지 않았다. 그러던 중 호시탐탐 기회만 노리던 송나라가 1개 사단을 보내 수부타이 군대에 합류했다. 한 달 안에 수부타이는 도시 공격 재개를 지시했다. 이번에는 성벽을 깨뜨리고 들어가 엄청난 학살을 시작했다. 도시가 무너지며 금의 힘을 상징하는 마지막 자취가 사라지자, 절망에 빠진 금나라 황제는 자살하고 말았다.

영원한 몽골의 노병 수부타이는 도시를 자신의 군사들에게 넘겨주어 약탈과 살육을 마음껏 하도록 내버려두려 했다. 그것이 몽골의 관습이었는데 도시의 저항이 수부타이를 몹시 화나게 했다. 게다가 금나라 도시들과 평원에 일궈놓은 밭에서는 도무지 쓸모를 찾을 수가 없었다. 수부타이는 그곳에 사는 사람들을 모조리 죽이고 평원에서 건강한 말을 키우는 것이 낫다고 조언했다. 말을 타고 떠돌며 싸우는 몽골족의 삶에 농장과 도시는 거추장스러운 것이었다. 그러나 오고타이칸은 도시가 유지되고 기능공들이 일을 계속하며 농부들이 논밭을 계속 일군다면 세금이라는 형태로 약탈할 것이 더 많아진다고 지적한 중국인 조언자의 지혜를 신뢰했다. 그리하여 오고타이칸은 금의 수도를 남겨두고 끔찍한 운명에 처한 금나라 사람들을 살려두는 것으로 수부타이의 조언을 일축했다. 평화 유지를 위해 몽골군 파견대를 남겨둔 채 수부타이는 오고타이칸이 2년 전부터 건설하기 시작한 새로운 수도 카라코룸으로 돌아갔다. 그리고 10여 년 동안 품고 있던 러시아와 서구 정복이라는 꿈을 이룰 준비에 나섰다.

동쪽에서 불어온 태풍

　1217년 칭기즈칸과 몽골군은 무칼리에게 금과의 전쟁을 맡겨두고 몽골로 돌아왔다. 이제까지 몽골의 수많은 군사활동을 계획하고 영향력을 행사했던 수부타이는 몽골의 참모총장 격이 된 것으로 보인다. 이때부터 우리는 작전이 있을 때마다 야전 지휘를 담당하기보다는 늘 칭기즈칸 및 그의 본대와 함께하는 수부타이를 발견하게 된다. 수부타이는 작전이 무사히 진행된 후에나 혹은 칭기즈칸이 다소 중요한 작전 임무를 맡길 충직한 장수를 찾을 때에만 부대 지휘관으로서 전장에 나갔다. 칸의 아들들을 명목상의 야전 지휘관으로 두는 몽골의 관행은 아무리 (칸의 아들들과 달리) 신뢰받는 장수들이 직접 군사작전을 계획하고 실행한다고 해도 실제 작전에서 수부타이를 비롯한 여러 지휘관의 역할을 불투명하게 만들어버릴 때가 많았다. 1227년에 칭기즈칸이 사망한 뒤, 그의 후계자 오고타이칸은 모든 군사작전 계획과 실행을 수부타이에게 일임한 듯하다. 이로써 수부타이는 칭기즈칸이 살아 있을 때 이미 실질적인 몽골군의 참모총장이었다가 오고타이 대에 더욱 공식적으로 자리매김하게 된다. 따라서 카라키타이, 흐와리즘 샤와의 전쟁을 계획했던 사람은 바로 수부타이였다.

칭기즈칸은 몽골로 돌아가자마자 오랜 숙적인 나이만과 메르키트를 처단하기로 했다. 그들은 칭기즈칸과 10년 전에 충돌해 몽골 서쪽 국경으로 밀려난 민족들이었다. 칭기즈칸은 1208년에 부족 간 전쟁에서 메르키트의 족장 톡토아베키를 죽였지만 그의 아들과 남아 있는 부족원들이 달아나서 발하슈 호카자흐스탄 동남부에 있는 호수 서북쪽 어딘가에 자리를 잡았다.[1] 개인적인 앙갚음이었다면 모를까 메르키트의 군사력이 몽골에 그다지 위협적이지 않았기 때문에 칭기즈칸이 그들을 공격한 동기는 뚜렷하지 않았다. 하지만 칭기즈칸이 메르키트를 무찌를 지휘관으로 수부타이를 임명한 것을 보면 동기야 어떻든 중요한 의미를 지녔음에 틀림없다. 수부타이의 병력은 알려지지 않았지만 대략 2만호(2만 명)로 추산된다.

몽골 국경을 지키는 것이 전략적으로 중요했던 이유는 무엇보다 나이만과 변절한 족장 쿠츨루크서요의 왕(재위 1211~1218). 톈산 산맥 북방의 나이만 부족을 규합하고 흐와리즘의 무함마드와 동맹을 맺어 야율을 무찔러 사로잡으며 타림 분지의 서부를 정복했다와의 상황 때문이었다. 쿠츨루크는 부족 간 전쟁에서 패한 아버지가 칭기즈칸에 의해 사망한 뒤, 살아남은 부족원들과 함께 몽골에서 카라키타이로 도피했다. 카라키타이는 몽골 본토 서남쪽에 위치했으며 오늘날 투르키스탄 동북쪽에 있는 중국령 투르키스탄튀르크족의 땅. 파미르 고원을 중심으로 하는 중앙아시아 지역으로 파미르 고원을 경계로 서투르키스탄과 중국령의 동투르키스탄으로 갈라진다 일부 지역과 발하슈 호 주변 지역을 포함했다. 카라키타이 지도자들은 원래 중국 출신이었지만 주민들은 대부분 튀르크족이었다. 카라키타이의 왕 아율 직노고는 부친이 패전한 뒤 카라키타이로 도피한 쿠츨루크 왕자와 그의 부족을 환대했고 쿠츨루크를 곧 자신의 딸과 결혼시킨 뒤 고관의 지위에 앉혔다. 그러나 쿠츨루크는 자신의 부족원들을 강력한 군대로 재탄생시킨 다음 1211년에 군란을 일으켜 나이 든 왕을 몰아내고는 최고 권력자가 되었다. 그는 네스토리우스파콘스탄티노플 총대주교 네스토리우스의 교설을 신봉하는 그리스도교파 기독교를 믿는 나이만족이자 몽골족이었기 때문에 튀르크계 무슬림들은 쿠츨루크를 처음부터 못 미더워했다. 왕국이 모두 자기 손안에 들어오기만을 고대하던 쿠츨루크는 자신만의 국가 이성을 가지고 (그리고 최종적으로 카라키타이를 자신의 왕국으로 흡수시키겠다는 야망을 가지고) 무슬림 호와리즘 샤와 동맹을 결성했고 호와리즘 샤는 쿠츨루크가 자국민을 상대로 전쟁을 벌일 수 있도록 지원을 아끼지 않았다. 그런데 이렇게 무슬림 샤의 지원을 받으면서도 그는 무슬림들을 강제로 개종시키는 등 종교를 탄압했다. 이때 칭기즈칸은 쿠츨루크를 몰아낼 계획을 세우고 있었고 쿠츨루크는 이미 대중의 지지를 잃은 터였다. 심지어 샤와의 동맹도 깨져 두 왕국의 경계를 이루는 시르다리야 강 인접 지역이 샤의 산발적인 습격을 받기도 했다.

두 몽골 군대가 카라키타이에 모였다. 각 군대의 목표는 달랐지만 서로 도와가며 힘을 합쳐 작전을 수행했다. 2만호를 맡은 제베는 직접 카라키타이를 목표로 하여 본대를 구성했다. 그의 임무는 나라를 정복하고 쿠츨루크를 살해 또는 생포하는 것이었다. 두 번째 군대 역시

2만 명 정도로 수부타이가 지휘했다. 수부타이 군의 주요 임무는 진격하는 경로에 나타나는 메르키트를 공격하고 말살하는 것이었다. 그러기 위해서 수부타이의 군대는 제베의 병력이 산길을 따라 카라키타이 본토로 움직일 때 제베 군 앞쪽과 남쪽을 행군하며 그의 측면을 보호해야 했다. 여기서 우리는 수부타이의 빛나는 지략을 엿볼 수 있다. 몽골 첩보부에서는 카라키타이에서 벌어지는 일들을 잘 알고 있었으며, 특히 샤와의 동맹이 깨진 것과 카라키타이를 향한 샤의 영토 야욕에 관해서는 무엇보다 더 잘 파악하고 있었다. 몽골이 쿠츨루크를 몰아내면 카라키타이는 정치적 공백 상태가 되어 그곳을 탐내는 샤가 시르다리야 강을 건너 군사작전을 감행한 뒤, 카라키타이의 영토를 상당 부분 차지할 위험이 있었다. 몽골군은 기본적으로 본대 측면을 적군이 위협하도록 놔두지 않았다. 그리고 이번에는 수부타이가 이 전술을 전략적 수준으로 끌어올렸다. 그의 군대는 제베의 본대를 앞서 나가 샤의 공격으로부터 제베의 측면을 보호하는 역할을 했다. 그리하여 수부타이는 눈앞에 보이는 메르키트족을 물리치며 재빨리 메르키트 영토를 행군해 나아갔고 샤의 모든 움직임을 파악할 수 있는 위치에서 카라키타이와 호와리즘의 경계를 향해 곧장 나아갔다.

두 몽골 군대는 일렬종대로 이동하며 알타이와 타르바가타이 산맥카자흐스탄 동남부에 있는 산맥을 넘어 결국 알말리크중앙아시아 톈산북로天山北路에 있던 옛 오아시스 도시로 지금의 중국 신장 웨이우얼 자치구 쿠루자 근처에 있으나, 정확한 위치는 밝혀지지 않았다에 도달했다. 산맥을 통과한 다음, 제베는 발하슈 호 남쪽으로 이동해 카라키타이로 직행하고 수부타이는 서남쪽으로 더 이동해 국경을 향했다.[2] 제베는 폭력을 최소화하며 카라키타이로 향했는데, 이것은 전쟁이 항상 정치적인 문제로 일어난다는 명제를 훌륭하게 증명한 예다. 그는 모든 무슬림은 완전한 종교의 자유를 가지며 그 누구도 성지에 해를 가해서는 안 된다고 했다. 제베가 찾아간 도시마다 모스크의 문은 다시 열렸고 군대에 의해 약탈을 당하거나 잔학 행위로 피해를 입은 곳은 한 군데도 없었다. 몽골군이 지나는 도시마다 무슬림들은 그들에게 문을 개방해주었고 쿠츨루크는 수도에서 달아나 산속에 피신할 곳을 찾았다. 몽골족은 나이만 왕자 쿠츨루크를 찾아 '미친개처럼 쫓아갔다.' 왕자는 결국 파미르 고원 사리콜 산맥의 협곡에 갇혀 사냥꾼들에게 잡힌 뒤, 곧바로 몽골의 손에 넘어갔다. 제베는 그 자리에서 쿠츨루크를 참수했다. 그리고 승리에 대한 경의의 표시로 카라키타이에서 유명한 밤색 말 1000필에 흰색 재갈을 물려 칭기즈칸에게 선물로 보냈다.

제베가 북쪽에서 작전을 지휘하는 동안, 수부타이는 서남쪽에서 무함마드 샤의 흔적을 찾아 국경을 헤맸다. 샤는 몽골과 그들의 위대한 족장 칭기즈칸의 명성을 잘 알고 있었다. 중도가 몽골에 함락된 뒤 샤는 칸의 힘이 어느 정도인지, 몽골의 풍습에는 어떤 것이 있는지 알아내기 위해 칸의 궁정에 사신을 보내 무역을 하자고 제안했다. 칭기즈칸은 그 제안을 기쁘게 받아들여 무함마드에게 답례 사절을 파견했다. 무함마드 샤는 난폭하기로 유명하다는 몽골군의 평판을 익히 들어서 알고 있었는데, 이슬람 연대기 작가들의 말대로라면 그는 몽골군인들이 얼마나 난폭한지 직접 볼 수 있기를 바랐다. 샤 자신은 얼마 전 카라키타이를 습격했다가 우연히 수부타이를 만나 그를 공격한 적이 있었다. 불행히도 연대기 작가들은 어둠이 내려 싸움이 끝날 때까지 양쪽 모두 맹렬하게 싸웠다는 말 외에는 전투 내용을 자세히 기록해두지 않았다. 밤중에 수부타이는 적과의 교전을 중단하고 철수해버렸으며 샤는 마치 산송장처럼 떠오르는 아침 해를 응시하고만 있었다. 비록 이 소전투는 전술적인 면에서 결론이 나지 않았지만, 이슬람 연대기 작가들은 무함마드 샤가 수부타이 군대의 용맹함과 기동성에 매우 깊은 인상을 받아 야전에서 과연 자신이 고용한 군사들이 수부타이의 군대를 감당할 수 있을지에 대한 의구심을 품기 시작했다고 기록하고 있다. '지도자는 두려움과 타협하지 말아야 한다'(나폴레옹)는 오래된 격언이 있다. 무함마드 샤에게 딱 맞는 충고였지만 불행히도 그는 이 충고를 받아들이지 않았고 적의 이빨을 보았다. 제2의 알렉산더라 불리던 무함마드 샤는 이제 뱃속까지 겁에 질려 있었다.[3]

샤와의 전쟁

제베가 카라키타이를 성공적으로 정복함으로써 몽골 제국과 흐와리즘 샤 제국 사이에 더 이상 완충지대는 존재하지 않았다. 자칫 오산했다가는 무서운 결과를 초래해 두 제국 모두 붕괴할 수도 있었다. 중도가 함락된 뒤 샤는 칭기즈칸에게 사신을 보내 두 제국 사이의 관계를 확립할 것을 제안했다. 그러자 칭기즈칸은 카라키타이에서 군사활동이 펼쳐지고 있음에도 샤의 궁정에 사신을 파견해 금나라에서 가져온 커다란 금괴를 선물로 보냈다. 1218년 양측은 무역 협정을 체결하기에 이르렀고 칭기즈칸은 상인 등 450명(주로 무슬림)의 사람과 값비싼 물품들을 실은 낙타 500마리를 샤에게 보냈다. 그런데 이들보다 더 중요한 인물은 칭기즈칸이 샤에게 보낸 친서를 전달하는 오코나라는 자였다. 대상단과 몽골 사신은 국경을 넘어 오트라르중세 투르키스탄의 도시에서 멈추었다.

샤와 친족관계이며 무슬림인 오트라르의 성주는 대상단을 모두 첩자로 의심해 사신 오코나를 포함한 일행을 잡아들였다. 그가 상인들을 처형하고 물자를 빼앗도록 샤에게 요청하자 샤는 그의 말에 동의하고 상인들을 처형하게 했다. 낙타를 몰던 한 사람이 겨우 죽음을 모면한 뒤 몽골로 돌아가 칸에게 이 사실을 알렸다. 칭기즈칸은 격노했지만 실리를 더 중시해야 할 때라고 여겨 복수할 방법을 모색하는 대신 이번에는 무슬림 한 명과 몽골인 두 명으로 사절을 구성해 샤에게 보냈다. 아마도 칭기즈칸은 성주가 그저 월권행위를 한 것뿐이며, 그게 사실이라면 성주를 처형하면 될 일이라고 생각했을 것이다. 몽골 사절단이 샤에게 성주를 처형해달라는 요청을 했지만 샤는 거절했다. 오히려 샤는 그 무슬림을 살해하고 두 몽골 사신의 수염을 잘라버렸다. 몽골로 돌아온 두 사신은 이 모욕적인 이야기를 전했다. 이번에는 칸도 그냥 넘어가지 않았다. 칭기즈칸은 호와리즘 제국의 군주인 무함마드 샤에게 전쟁을 선포하고 군대를 동원했다.

오트라르에서 벌어진 일은 역사상 아주 중대한 사건 중 하나가 되었다. 관료의 애매한 행동이 연쇄적인 사건을 일으켜 세계를 뒤흔들게된 것이다. 이 사건이 일어나기 전까지는 칭기즈칸이 세운 몽골 대제국의 인접 지역들에 대해 그가 불만을 가질 만한 것이 없었다. 하지만 이제는 오트라르 사건 때문에 샤에게서 등을 돌릴 수밖에 없었고 그결과 페르시아 전체가 몽골 치하에 놓이게 된다. 그런 다음에는 수부타이가 러시아 초원지대를 답사하게 되는데, 이는 러시아에 대한 정보를 얻은 몽골이 결국 300년 동안 러시아를 지배하는 계기가 된다! 그리고 러시아 정벌에 성공한 뒤에는 수부타이의 주도 아래 동유럽 맹공이 이어졌다. 그때는 아무도 예측하지 못했지만 오트라르에서 몽골 대상단이 살해된 사건은 결국 중앙아시아와 러시아를 비롯해 서구 전체의 역사를 바꿔놓았다.

흐와리즘 왕국은 원래 고대 옥수스라 불리던 아무다리야 강과 약사르테스라 불리던 시르다리야 강중앙아시아의 톈산 산맥 서쪽에서 시작해 아랄 해로 흘러 들어가는 강 사이에 위치해 있었다. 두 강은 약 1000킬로미터 떨어진 짜디짠 아랄 해카자흐스탄과 우즈베키스탄 사이에 있는 대염호大鹽湖로 흘러들었다. 왕국의 북쪽 절반은 비옥한 유역의 토지로, 나머지 절반은 사막으로 이루어져 있었으며 교역로가 교차하면서 몇몇 성곽도시와 요새를 연결하고 있었다. 왕국 최대의 도시이자 학자의 도시인 부하라와 수도 사마르칸트우즈베키스탄 동부, 아무다리야 강 유역에 있는 도시로 실크로드의 기지로 번영했으며 14~15세기에는 티무르 제국의 수도였다는 이 무역로의 중앙에 위치한 전략 요충지였다. 무함마드 2세의 아버지인 알라웃딘은 셀주크 술탄에 의해 이 지역 성주로 임명되면서 봉토를 하사받았는데, 흐와리즘 샤가 된 아들 무함마드 2세는 끊임없이 전쟁을 치르며 아버지의 소유지를 사방으로 확장했다. 그는 시르다리야 강 너머 키르기스 초원에 이르는 곳까지 북쪽의 땅들을 점령하고 수도로 삼은 사마르칸트 근처 트란스옥시아나를 정복했다. 남쪽으로는 아프가니스탄을 침략해 원시 부족들을 정복했다. 무함마드 2세는 정복한 땅이 워낙 방대해 제2의 알렉산더 대왕 또는 지상에 나타난 알라의 그림자라 불리기도 했다. 샤의 군대는 아주 강력했으며 연대기 작가들은 군사 수가 40만 명 정도였다고 주장한다.[4] 왕국에는 인력이 풍부해 나라에 긴급 사태가 발생했을 때 수천 명의 군사를 마련할 수 있었다.

몽골이 흐와리즘을 공격하는 데는 샤의 군대 규모와 전투력 외에도 복잡한 요인들이 있었던 탓에 어려움이 따랐다. 일단 원정 거리가 어마어마했다. 칭기즈칸이 군대를 소집했던 이르티시 강카자흐스탄과 서시베리아를 북쪽으로 흐르다가 오비 강의 좌안左岸에 유입하는 강 상류(위구르 영토)에서 시르다리야 강(흐와리즘 북쪽 경계)까지의 거리는 거의 2000킬로미터에 달했다. 강 너머 첫 번째 전략 목표로 수도 사마르칸트가 있는 부하라 지방 자라프샨우즈베키스탄 나보이 주의 도시의 오아시스까지는 거의 500킬로미터를 더 가야 했다.[5] 몽골군이 이동해야 했던 곳은 세계에서 험준하기로 손꼽히는 지형 중 하나였다. 기껏해야 길이가 500킬로미터 정도 되는 국경에서 어디로든 침투할 수 있었던 금나라와 달리, 샤 왕국은 높이가 6000미터에 달해 통행이 거의 불가능한 산봉우리와 가파른 협곡, 여름이 와도 눈이 남아 있는 산골짜기 등으로 보호되었다. 늦가을부터 봄까지 행군하기로 한 칭기즈칸의 결정은 몽골군에게 눈과 추위, 굶주림 등 끔찍한 시련을 안겨주었다. 행군은 대부분 물과 음식이 거의 없는 황량한 사막에서 이루어져야 했기에 몽골군은 여느 때보다도 싣고 온 보급품에 더 크게 의존하고 있었다. 게다가 전략적 기습을 할 기회도 없었다. 군대가 지나는 곳의 지형은 특성상 그저 중앙아시아 고원 유목 부족들이 오래전부터 서양과 접촉했던 주요 통로인 일명 바람의 관문이라 불리는 중가리아 분지중국 신장 웨이우얼 자치구 북쪽에 있는 분지를 통과하는 하나의 전진 축밖에 되지 않았기 때문이다. 금을 공격할 때와 달리 흐와리즘으로 접근하는 몽골군은 쉽게 눈에 띄었기 때문에 샤도 대응할 시간을 충분히 벌 수 있었다. 시르다리야 강을 건넌 몽골군은 규모가 자신들의 두 배가 넘는 무슬림 군대와 마주하게 된다. 무슬림 군대는 내부 연락 체계를 따르며 많은 성곽도시와 요새들을 든든한 방벽으로 두고 싸웠다. 샤의 왕국을 침략하는 일은 수부타이처럼 뛰어난 지략가나 칭기즈칸처럼 위대한 군사 지도자마저 망설이게 만들 정도로 엄청난 대업이었다.

그러나 대칸은 이런 어려움에도 굴하지 않았다. 1218년 여름, 그는 이르티시 강둑에 대군을 소집하기 시작했다. 몽골이 이슬람 국가와 벌인 이 첫 번째 전쟁은 결국 말살전이 되어 샤 왕국 인구의 5분의 4가 죽거나 노예가 되었다.[6] 어느 역사가는 "단 3년 동안의 충돌로 그렇게 많은 사람이 목숨을 잃은 경우는 아마 없을 것이다. (…) 몽골에 의해 자행된 냉혹하고 계획적인 대량 학살은 (…) 고대 아시리아인과 현대 나치의 만행만큼이나 끔찍한 수준이다"라고 말했다.[7] 침략을 위해 모인 몽골군은 범민족적 협력이라는 구호를 내세워 17세부터 60세 사이의 모든 몽골족에게 무기를 들게 했다. 몽골의 속국들도 분견대를 파견하라는 요구를 받았다. 이에 서하를 제외한 모든 속국이 요구에 응했고 훗날 서하는 칭기즈칸으로부터 응징을 당한다. 이르티시 강에서 출발한 몽골군의 정확한 규모에 대해서는 지금까지도 논쟁이 이어지고 있다. 러시아인 동양학자 바르톨트1869~1930. 소련의 역사학자로 튀르크학 분야의 대학자인 바실리 라들로프의 뒤를 잇는 대학자가 어림잡아 계산한 20만 명 이상의 수치는 좀 많은 듯하다. 몽골군은 그때까지도 금나라에서 잃은 손실을 회복하던 중이었고 무칼리가 이끌고 간 상당수의 군사도 아직 금나라에서 작전을 펼치고 있었다. 전투에 가담하기를 거부한 서하에 대해서는 몽골 안에 상당수의 서하 군사를 남겨두어 적대적 행위를 하지 못하게 했다. 참전한 몽골 군사가 단 15만 명뿐일 수도 있다는 프라브딘Michael Prawdin 1894~1923. 러시아계 독일 역사작가의 주장은 어느 정도 일리가 있는 듯하나[8] 더하르토흐Leo De Hartog 네덜란드의 몽골 역사 전문가가 추산한 9만 명은 적어 보인다.[9] 군사들 외에 말 40만 필 정도와 낙타 수천 마리, 소 수백 마리, 전차 등도 평소보다 큰 화물차에 실려 험한 지형을 따라 거친 행군을 함께 했다. 거리는

3000킬로미터가 넘는 데다 지구상에서 지형과 기후가 가장 험난한 곳으로, 이 모든 것을 옮기고 전장에 도달해서도 전투력을 그대로 유지한 채 작전을 펼친다는 것이 현대 군사 지도자들에게는 불가능에 가까운 위업이다. 도교 신자인 연대기 작가 구처기丘處機 1148~1227. 호는 장춘자長春子. 도교의 한 일파인 전진교의 개조 왕중양의 가르침을 받아 전진교 7인 중 한 사람는 행군 경로의 한 부분인 싸이리무 호중국 신장위구르 자치구의 이리伊黎지구에 있는 호수와 알말리크 사이에서 칸의 둘째 아들인 차가타이가 본대 진로를 따라 길을 내고 다리 놓는 일을 맡았다고 말한다. '차가타이는 비탈진 암벽을 부수어 수레 두 대가 나란히 지나갈 수 있을 정도의 나무다리를 최소한 48개는 지었다.'[10]

아군의 본진과 적진의 거리가 먼데 적군이 훨씬 더 많은 군사를 보유하고 있고 최소한 아군만큼의 전투 경험까지 갖추고 있다면 그런 나라를 침략하는 것은 무모한 행동으로 여겨질 수도 있다. 그러나 군사적 능력은 반드시 그 능력이 쓰이는 정치적 또는 사회적 배경을 기준으로 평가해야 한다. 몽골 첩자들이 샤의 군대가 보이는 것만큼 강하지 않을 수도 있다는 중요한 정보를 몽골군 지휘관들에게 제공한 적이 있다. 우선, 제국 자체가 샤의 군사 정복으로 세워진 지 4년도 안되는 신생국이어서 빈틈이 많다는 게 첫 번째 근거였다. 행정 구조는 엉성하고 느슨해서 전쟁으로 사라진 이전의 지방 관료들의 자리가 대부분 채워지지 않고 있었다. 두 번째로는 튀르크계 지배층은 페르시아계 대중에게 미움을 받았으며 정권의 최대 지지층은 늘 충성심이 의심스러운 튀르크 용병 군대였다는 것이다. 셋째는 대중은 무거운 세금 부담을 지고 있는 한편, 샤와 무슬림 칼리프들 사이에는 잦은 갈등이 빚어지면서 샤가 독실함을 잃고 신앙을 박해하는 이단자로 몰렸다는 것이다.

 게다가 샤의 군대는 중대한 결점 두 가지를 안고 있었다. 하나는 다수의 부대가 서로 적대적인 부족 분견대여서 본토와 멀리 떨어진 곳에 배치할 수가 없고, 그들이 정작 앙숙인 부족과 힘을 합쳐 싸우려 하지 않았다는 점이다. 또 하나는 왕국 곳곳에서 반란이 빈번하게 일어나 도처에 배치된 수비대는 평화를 지킬 수 있을 정도의 병력을 유지해야 했지만 국가 통치 체제가 큰 위험에 빠졌을 때를 제외하고는 다른 곳에 배치할 수가 없었다는 점이다. 샤의 군대가 거대한 군사 조직이었을 수는 있지만 기동성 면에서는 위력을 제대로 발휘하지 못했다. 앞서 등장했던 몽골 속담처럼 '당나귀가 이끄는 사자 무리는 사자가 이끄는 당나귀 무리보다 더 위험하다.' 샤의 야심은 커졌지만 전략이나 전술만 가지고 간단히 채워지지는 않았다. 1년 전 샤는 수부타이 부대와 충돌하면서 몽골군을 한 번 맞닥뜨린 적이 있었다. 그런데 샤는 그 일을 겪고 난 뒤로 자신의 군대가 탁 트인 지세에서는 몽골의 적수가 될 수 없다는 사실을 깨달았다. 제2의 알렉산더 무함마드 2세는 두려움과 타협하며 자신의 왕관과 목숨을 걸고 치명적인 전략적 실수를 저지르려 하고 있었다.

 수부타이는 몽골 무관들이 이슬람 상인들과 첩자들을 통해 얻은 정보에만 전적으로 의지하지 않았다. 그는 샤 군대의 전투력을 상쇄시킬 두 가지 요소를 전투 계획에 추가로 집어넣었다. 흐와리즘은 성곽도시와 요새의 땅이어서 만약 몽골이 공격에 성공한다면 빠른 시일 내에 그곳들을 점령해야 했다. 금나라에서 공성전을 겪은 뒤로 몽골은 군사작전에서 공성 기술이 얼마나 중요한지 깨달았다. 오고타이의 지휘 아래 그들은 공성 포열을 구성하기 시작했다. 흐와리즘을 향해 진격할 준비를 마친 몽골군은 금나라에서 처음으로 접했던 중포와 같은 기종으로 공성 포열을 이루어 이동했다. 쇠뇌와 투석기는 해체해 야크와 낙타로 운반했는데, 우리는 여기서 처음으로 낙타가 화물 운반용으로 두루 쓰였음을 알 수 있다. 금에서 만든 대포에는 금나라 포수들과 토목공사 및 교량 건설에 능한 금나라 기술자들이 따라붙었다. 샤가 몽골의 공격이 금의 성벽 앞에서 그랬듯이 흐와리즘의 도시 성벽과 요새 앞에서도 불안해지기를 기대했다고 한다면, 새로운 몽골 포병과 공성부대들은 그 반대의 결과를 보여줄 준비가 되어 있었다.

몽골 군사 기획자들이 직면한 주요 문제들 중 하나는 흐와리즘으로 접근할 수 있는 유일한 경로가 중가리아 분지라는 단순한 현실에 있었다. 이런 현실로 인해 몽골군은 전략적 기습을 할 수도 없었고 전위부대의 기동 범위도 제한되었다. 또한 지형 때문에 넓게 퍼져서 전술을 펼칠 수도 없고 전략적인 면에서 큰 부분을 차지했던 양동 작전도 세울 수가 없었다. 하지만 수부타이는 다른 방법으로 샤를 기습했다. 수부타이와 제베가 그해 초 카라키타이를 급습했을 때 제베는 우연히 산맥을 지나 서쪽으로 이어지는 또 다른 경로를 발견했다. 물론 이 대체 경로의 지형과 최종 지점은 알 수 없었지만 적어도 방향만은 맞았다. 제베는 약 1만 명의 군사를 이끌고 본대를 앞서나가 경로를 파악하고 서쪽으로 통하는 길을 따라 움직일 준비를 했다. 몽골군 종대와 본대 사이의 연락을 책임지는 전령병들은 활을 쏘아 제베가 길을 찾아냈음을 알렸다. 대담한 모험가인 수부타이는 밀고 나아가라는 지시와 함께 칭기즈칸의 아들인 주치의 증원군을 제베에게 보냈다. 때는 어느덧 한겨울이었다.

말을 타고 3만 군사의 선봉에 서서 산맥을 지나 알 수 없는 지방으

로 들어가는 제베의 이야기는 알프스를 넘어 전쟁을 치른 한니발 장
군의 이야기에 비할 바가 아니다. 몽골군 행렬은 극심한 추위 속에서
때로 1.5~2미터 높이만큼 쌓인 눈을 헤치며 파미르 고원과 톈산 산
맥 사이에 갈라진 틈으로 들어갔다. 극심한 추위에 언 말 다리는 동상
에 걸리지 않도록 야크 가죽으로 감싸주어야 했다. 몽골 말들은 말발
굽으로 눈을 파내 그 아래에 있는 풀을 찾아 먹기도 하고 교목이나 관
목 이파리를 먹기도 했다. 몽골군은 두 겹으로 된 양피 외투인 다차로
몸을 감싸 추위를 견디며 높이가 약 4000미터나 되는 키질-아르트 고
개와 테레크-다반 고개를 지났다. 경로를 타고 이동하면서 짐과 무거
운 장비를 버려 무게를 가볍게 했다. 그리고 이들은 곧 말을 잡아먹기
시작했다. 추위에 시달리고 몹시 지친 데다 영양이 부족한 수많은 몽
골 병사가 눈 속에서 죽어가며 아시아 산맥 속 하얀 세상에 꽁꽁 언
채로 남겨졌다.[11] 제베는 이러한 손실에도 아랑곳하지 않고 진군을 멈
추지 않았다. 그리고 이 혹독한 조건에서 석 달을 견뎌낸 뒤, 굶어 죽
을 듯 무기력해진 그의 군대는 녹초가 된 채 페르가나 분지중앙아시아
시르다리야 강 상류 지역의 지명으로 동·남·북 세 방향이 산맥으로 둘러싸여 있다로
내려왔다. 그곳에는 이미 봄이 찾아와 목초지와 포도밭과 밀밭에는
온통 꽃이 만발해 있었다. 곧 나올 지도 4.1은 제베 부대의 행군 경로
와 나머지 몽골 종대의 진격 경로를 나타낸다.

　제베가 세계의 지붕 너머에서 고군분투하는 동안 몽골 본대는 바람
의 관문을 빠져나온 뒤 흐와리즘 북쪽 국경을 흐르는 시르다리야 강
으로 향하고 있었다. 몽골군은 겨울 내내 혹독한 추위와 배고픔을 견
디며 나아가야 했다. 검은 폭풍이라는 뜻의 사나운 부란이 불어 얼
음처럼 차가운 바람에 견디지 못한 가축들이 얼어 죽고 말았다. 몽

골 말들은 먹이를 거의 찾지 못해 중국 연대기 작가 야율초재耶律楚材 1190~1244. 거란족의 정치가로 요遼나라 왕족의 혈통에 의하면 동물들의 정맥에서 출혈이 시작됐다고 한다. 병사들은 수많은 골짜기와 넓은 틈 사이를 건너기 위해 진군하는 내내 커다란 나무를 쓰러뜨려 다리를 놓아야 했다. 많은 병사가 추위와 과로로 목숨을 잃었다. 눈이 녹기 전인 3월 초에는 본대가 서쪽 초원으로 진출해 재빨리 발하슈 호를 향해 달렸다. 그들은 땅 위로 새싹이 돋아날 무렵에야 검은 산줄기의 마지막 장벽을 넘어 흐와리즘 제국 국경으로 직행하고 있었다.

몽골 본대가 진출할 때 제베의 종대는 전방에서 멀리 떨어져 남쪽 페르가나 분지로 들어가고 있었다. 이제 행운의 여신은 몽골군을 향해 미소지어주었다. 샤의 정보부는 페르가나에서 병사들에게 공급할 음식과 말을 찾아다니는 제베의 부대를 발견했다. 샤는 5만 명가량의 대규모 군대를 소집한 뒤, 몽골 침입자들을 물리치겠다며 몸소 지휘를 맡아 군대를 페르가나 분지로 이동시켰다. 깜짝 놀란 제베는 수적으로 크게 압도당해 적을 포기하고 산속으로 되돌아가려 했다. 아마도 샤의 군대가 자신을 쫓아오도록 만들어 매복 공격을 할 생각이었던 듯하다. 그러나 칭기즈칸의 아들이자 이번 원정에서 명목상의 지휘관인 주치는 후퇴하는 것을 비겁한 행동으로 여겨 몽골 종대에 공격하라는 명령을 내렸다. 제베의 군사들은 지친 데다 수적으로도 열세였지만 몽골 군사훈련에서 눈부신 성적을 거두었던 군사들인 만큼 신속하게 움직여 샤 군대와의 교전을 준비했다.

이 교전에 대해 두 가지로 해석했는데 모두 일리는 있었다. 하나는 분지의 지형과 몽골 병사 및 말들의 피로 때문에 평소처럼 전술을 펼치기에 앞서 중기병대로 정면공격을 해야 했다는 것이다.[12] 이 경우 공격 강도와 병사의 용맹함이 관건이었다. 또 다른 하나는 몽골군의 평소 특기를 살려 경기병대를 적군의 전방에 잇달아 투입하고 중기병대가 투입되기 전에 화살 공격으로 샤의 주력군을 약화시키는 것이다. 이 경우 샤는 대열을 뚫고 들어와 적의 지휘관을 향해 저돌적으로 공격해오는 몽골 부대에 거의 생포될 뻔했다. 어떻게 해석하든 간에 전투는 해가 진 뒤에야 끝이 났다. 수적으로 열세라는 것을 알고 있던 제베는 어둠 속에서 영리하게 적을 피해 남은 말과 부상자들 그리고 약탈한 가축과 보급품 등을 챙겨서 철수했다. 동이 텄을 때 샤는 그저 양측의 시체들이 널브러진 텅 빈 전장에 남아 있을 뿐이었다.

본대에 있는 칭기즈칸과 수부타이에게 보고가 들어왔을 때 수부타이는 즉시 제베에게 보낼 증원군을 둘로 나누라는 지시를 내렸다. 그리하여 1만 명가량의(아마도 둘 중 규모가 작은) 병력을 할당받은 제베는 아무다리야 강을 지나 힌두쿠시 산맥중앙아시아 파미르 고원의 남쪽에서 아프가니스탄을 지나 이란으로 뻗은 산맥을 넘고 기회가 될 때마다 샤의 군대와 맞붙으라는 지시를 받았다. 제베가 페르가나를 급습해 샤의 주의를 오래 끌수록 몽골 본 대열은 국경을 향해 움직이는 시간과 거리를 벌 수 있었다. 주치에게 할당된 2만 명가량의 나머지 한 병력은 페르가나 분지로 따라가 차가타이와 오고타이가 이끄는 더 큰 종대의 측면을 보호하고 강 건너 후잔트타지키스탄 북부에 있는 도시를 공격하라는 임무가 주어졌다. 이렇듯 노출된 측면을 방비함으로써 몽골군 본대는 여러 개의 커다란 종대로 분산되어 국경을 향해 계속 이동했다. 그들은 2000킬로미터 이상을 이동하는 데 넉 달이 채 걸리지 않았다.

그해 초 카라키타이에서 수부타이 부대와 충돌하고 페르가나 분지에서 제베와 전투를 벌인 샤는 자신의 군대가 탁 트인 지대에서는 몽골의 적수가 될 수 없다고 생각했다. 또한 몽골이 금나라에서 고전했던 일에 대해서도 알고 있었으며 지금까지도 공성 능력이 크게 향상되지 않았을 것이라고 확신했다. 흐와리즘은 큰 도시와 요새가 많은 왕국이었고 샤는 이 재산들을 최대한 전략적으로 활용하기 위해 방어전 위주의 전략을 펼쳤다. 샤의 대군은 주요 강들을 따라 전방 수비대 안에 배치되어 부하라와 사마르칸트, 우르겐치우즈베키스탄 호레즘 주(州)에 있는 도시처럼 큰 도시들을 보호했다. 그는 시르다리야 강 북쪽에서 진격해오는 몽골군을 선제공격해서는 안 되겠다는 생각에 몽골군을 도시로 끌어들여 포위전으로 유도하고자 했다. 강력한 수비대로 무장한 샤는 몽골이 도시를 점령하지 못하기를, 그리고 한 차례 습격과 약탈을 하고 나면 곧장 집으로 돌아가주기를 바랐다.

샤는 군사의 비율을 완전히 잘못 배정하는 전략상 치명적인 실수를 저질러 '군사 문제에서 희망은 방법이 아니다'라는 옛말을 떠올리게 했다. 샤는 병력을 방어진지로 분산시키는 전략을 펼쳤지만 거의 모든 병력을 분산시키지 않는 이상 방어진지도 결정적인 힘을 갖지는 못했다. 또한 샤 자신도 언제 어디서 들이닥칠지 알 수 없는 몽골의 공격에 대비해 가까운 곳에 병력을 집중시켜야 하는데 그러지도 못했다. 왕국의 군사 지도부는 특히 남쪽에 군대를 추가로 배치하게 했다. 그러나 정작 샤가 위급한 상황에 처해 당장 병력을 필요로 할 때는 가까이에서 달려올 사람이 아무도 없었다. 샤는 군대를 배치하면서 몽골의 맹습이 시작되기를 기다렸다.

주치가 이끈 만호들이 페르가나를 따라 내려가면서 도시를 하나둘 빠르게 장악하고 있다는 소식이 전해졌다. 그들의 최종 목표는 타슈켄트나 후잔트 둘 중 하나가 되어야 했는데 두 곳 모두 상당수의 수비군이 있었다. 샤는 제베의 대열이 전투 후에 사라졌는데도 크게 신경 쓰지 않았다. 그의 예상대로라면 몽골 본대는 여전히 전방에 있으며 국경도시로 접근하고 있을 터였다. 한 몽골 종대가 오트라르를 공격하고 있다는 소식이 전해졌을 때도 샤는 위급함을 느끼지 못했다. 모든 것이 샤의 예상대로 돌아가고 있었던 것이다. 그러던 중 모든 것이 무너지고 말았다. 몽골군이 아무다리야 강을 건너 남쪽으로 400킬로미터 가량 진격해서 민가를 약탈하고 있다는 소식이 전해진 것이다. 그 주인공은 불과 1만호밖에 되지 않는 제베의 작은 종대였다. 그는 파미르 고원을 지나 이제는 샤의 측면에 와 있었다. 샤는 제베의 병력을 전혀 가늠할 수 없었다. 그런데 만약 그 병력이 주력군이라면 샤는 왕국의 남쪽, 즉 아프가니스탄과 호라산이란 동북부를 중심으로 아프가니스탄, 튀르크메니스탄에 걸쳐 있는 지방에 고립되고 마는 것이었다. 이 지역들은 모두 군사 인력이 상당히 많은 곳이었다. 그들을 잃을 수 없었던 샤는 즉시 자신의 마지막 예비군을 투입해 제베의 진격을 저지토록 했다.

예비군이 남쪽으로 떠나자마자 더 나쁜 소식이 들려왔다. 지난 몇 주 동안 샤의 첩보부는 북쪽에서 전방으로 접근하고 있던 몽골군 본대의 위치를 전혀 파악하지 못했다. 그런데 지금 몽골군이 서쪽에서 사마르칸트를 지나오고 있다는 것이다! 제베가 페르가나 분지에서 격돌한 뒤 수부타이는 본대의 방향을 남쪽과 서쪽으로 돌리기 전에 북쪽으로 틀었다. 그러고는 눈에 띄지 않게 시르다리야 강을 건너 너비가 650킬로미터나 되는 광활한 죽음의 불모지 키질쿰 사막중앙아시아의 카자흐스탄과 우즈베키스탄 두 공화국에 걸쳐 있다을 행군했다. 튀르크멘 사람들의 도움으로 본대는 샤의 방어선 뒤쪽에 도달했다. 몽골군은 수부타이의 전위부대를 앞세워 누르라는 도시에서 아무다리야 강을 건넜다.[13] 완벽한 기습에 성공한 것이다.

지도 4.1은 얼핏 샤의 방어선이 완전히 고립된 모습이다. 칭기즈칸과 수부타이는 본대를 이끌고 서쪽에서 사마르칸트로 진군하고 있었다. 동쪽에서는 차가타이와 오고타이가 오트라르 방어선을 뚫은 뒤 수도로 진격하고 있었고, 그 시각 주치는 후잔트를 습격한 상태였다. 남쪽으로는 제베의 종대가 주 작전 구역을 향해 전속력으로 진격하면서 샤의 퇴로를 막았다. 수부타이와 몽골군은 군 역사에서 아주 인상적인 포위작전을 펼쳤다. 몽골군이 파놓은 함정에 빠진 샤는 보유하고 있던 얼마 되지 않는 병력을 사마르칸트로 보냈다. 전장을 버리고 호위관만 대동한 채 서남쪽으로 도피한 '제2의 알렉산더' 무함마드 샤 2세는 새로이 군대를 일으켜 언젠가 꼭 다시 싸우리라 다짐했다.(지도 4.1에서 점선 표시는 샤가 발호로 도피할 때 이동한 경로다.)

몽골군은 곧바로 수도 사마르칸트를 향해 움직였다. 수부타이는 그곳에 샤가 있을 거라고 생각했지만 막상 가보니 샤는 이미 달아나고 없었다. 샤의 모든 병력이 도시 안쪽에 배치되어 있어서 그들의 공격에 별다른 위협을 느끼지 못한 몽골군은 오히려 느긋하게 도시를 공격할 수 있었다. 이렇듯 경비가 허술해 칭기즈칸이 샤를 생포하는 작전에 3만 명의 군사를 투입할 수 있었던 것이다. 칭기즈칸은 수부타이와 제베, 사위인 토쿠차르에게 각 1만호씩을 맡기고 수부타이에게 총지휘권을 주었다. 이 별동대의 임무는 샤를 추격해 생포하는 것이었다. 이슬람 연대기 작가들은 칭기즈칸이 수부타이에게 했던 말을 기록하고 있다. "그를 생포하기 전까지는 돌아오지 마라. 그대 앞에서 달아난다면 그가 갔을 만한 곳을 모두 뒤져 끝까지 쫓아가라. 그대에게 항복하는 마을은 그대로 두되, 가는 길을 방해하거나 저항한다면 가차 없이

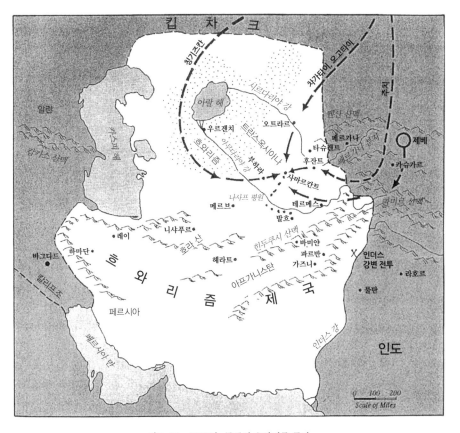

지도 4.1   1220년, 몽골의 흐와리즘 공격

파괴하라." 또한 대칸은 저항하지 않는 자들은 모두 살려주겠다는 내용의 칙서에 붉은 옥새를 찍어 수부타이에게 주었다. 저항하는 자는 모두 죽임을 당한다는 뜻이었다. 수부타이는 샤를 추격하고 생포하는 임무뿐 아니라 추격 중에 만나는 모든 도시와 마을에서 항복을 받아내는 임무까지 맡게 된 셈이다. 상황에 따라서 굴종하지 않는 마을들을 공격하고 완전히 파괴시켜야 할 수도 있다.

칭기즈칸은 약속을 반드시 지키는 사람으로 사위인 토쿠차르에게도 예외는 없었다. 이유는 정확히 알 수 없지만 토쿠차르는 칸의 명령을 어기고 제베에게 항복한 마을을 그가 약탈했다. 이 사실을 안 칭기즈칸은 처음에는 사위인 그를 죽이려다가 사병을 보내 토쿠차르의 지휘권을 박탈하게 하고 그의 부대를 수부타이에게 넘겨주라는 지시를 내렸다. 그 뒤 일반 사병의 신분으로 계속 군에 종사하던 토쿠차르는 마을을 공격하던 중에 전사했다.[14]

수부타이의 지휘 아래 샤를 추적하기 시작한 3만 명의 몽골 병사는 아무다리야 강을 건너 발흐로 그를 쫓아갔다. 샤 곁에는 호위관 외에 군사들이 전혀 없었다. 샤는 발흐에서 아프가니스탄으로 갈까 생각했지만 그곳은 정복한 지 얼마 되지 않은 데다 부족 사람들의 충성심 또한 신뢰할 수가 없었다. 그래서 샤는 남쪽으로 방향을 돌려 호라산과 헤라트로 향했고, 도피하면서도 몇 가지 전략을 실행해 가는 곳마다 주민들을 설득해 집과 땅을 버리고 농작물과 가축을 없애게 했다. 어쩌다 수비대를 만나면 자기가 서쪽에서 새로운 군대를 이끌고 돌아올 테니 끝까지 싸우며 요새를 지켜달라고 간곡히 부탁했다. 페르시아와 아라비아 이슬람 연대기 작가들은 샤의 이런 행동을 비겁하게 여기지만 그렇게 보는 것은 부당한 측면이 있다. 당시 샤는 전략방어를 시도하고 있었기 때문이다. 한니발과 싸운 파비우스나 나폴레옹에 맞선 전쟁에서 쿠투조프처럼 샤 또한 그와 같은 목표를 실현하려 했다. 즉 농작물의 양을 줄여 몽골군이 식량을 빼앗지 못하게 하고 농촌 주민 수를 줄여 몽골군이 도시 및 요새를 공격할 때 노예 노동력을 착취하지 못하게 하는 것이었다. 도시에서 저항을 하고 농촌에서 식량과 인력을 없애버리면 몽골군의 진격이 느려져 샤가 서쪽에서 새로 군대를 일으킬 수 있으리라는 계산이었다. 동쪽에서는 이미 샤의 아들 잘랄 웃딘Jalal ad-Din 흐와리즘 제국의 제8대 술탄(재위 1220~1231)으로 제7대 술탄인 알라웃딘 무함마드의 아들이 군대를 꾸리고 있었다.

지도 4.2는 무함마드 샤를 쫓는 수부타이의 추격 경로다. 방향을 다시 바꾼 샤는 메르브에 다다랐을 때 사마르칸트의 함락 소식과 부하라 피침 소식을 들었다. 몽골군이 가까이 있다는 사실에 겁이 난 샤는 서남쪽 산맥을 넘어 니샤푸르이란의 동북쪽에 있는 도시로 도피했다. 그 사이 발흐에 이른 수부타이는 피 한 방울 흘리지 않은 채 항복을 받아냈고 그곳에서 샤가 헤라트로 달아났다는 사실도 알게 되었다. 사냥감과의 간격을 좁히고 싶었던 수부타이와 그의 군사들은 하루에 130킬로미터씩 이동해 여분의 말들도 체력이 모두 소진될 정도로 강행군을 했다. 수부타이가 오기 전에 이미 칸의 사면 조건을 전해 들은 헤라트와 메르브 사람들은 수부타이의 군대가 도착하자, 문을 열어주고 그들에게 음식과 사료를 제공했다. 그러나 메르브와 니샤푸르 사이에 있는 작은 도시들은 몽골군에 저항하다가 결국 담간과 투스, 셈난이 약탈당했다. 몽골군은 시간 절약을 위해 주요 요새지들을 대부분 우회했는데, 사바 한 곳만은 공격했다. 이곳 주민들이 성벽 위에 모여 몽골군 대열이 성벽 아래로 지나갈 때 수부타이의 부대를 향해 큰 소

리로 욕하고 나팔을 부는 등 모욕적인 행동을 했기 때문이다. 수부타이는 행군을 멈추고 성채로 돌아가 사흘 만에 그곳을 장악했다. 주민들은 모두 살해되었고 성채는 불태워져 잔해만 남았다.

샤는 니샤푸르에도 잠시 머물렀다. 튼튼한 성채 안에 있어도 불안했던 그는 산 너머 서쪽으로 더 멀리 달아나 페르시안 이라크이스파한, 레이, 카즈빈, 카샨 등의 도시를 포함해서 이란의 중서부 지역을 뜻하는 역사 용어 전 지역에 걸쳐 있는 사막의 가장자리를 따라 이동했다. 샤를 찾아 니샤푸르로 가려던 샤의 모친과 그의 부인들보다 몽골군이 먼저 니샤푸르에 도착했다. 왕실 보물은 압류되었고 호위를 붙여 사마르칸트로 보냈다. 수부타이는 레이(지금의 테헤란) 외곽에서 샤의 충성스런 잔여병들과 교전했다. 상대는 3만여 명이나 되었지만 제압하는 데는 그리 오랜 시간이 걸리지 않았다. 레이 주민들은 저항을 지지하는 쪽과 항복을 지지하는 쪽으로 나뉘었다. 두 편은 서로 죽고 죽이는 난투극을 벌였고 친몽골파가 점점 더 우세해지자 거리에서 반몽골파를 학살했다. 수부타이는 도시 안으로 들어가 서로가 서로를 죽이는 광경을 흥미롭게 지켜보았다. 결국 친몽골파가 이겼지만 수부타이의 화살은 그들을 향할 수밖에 없었다. 그는 그 사람들을 믿어도 될지 곰곰이 생각한 뒤 도시 안에 있는 모든 남자를 몰살시키라고 명령했다.

몽골군은 레이와 하마단 사이에서 샤를 거의 따라잡고 근처에서 소규모 접전을 벌이다가 샤에게 부상을 입혔다. 사냥감을 놓친 수부타이는 화가 나서 잔잔과 카즈빈의 작은 촌락들을 공격했다. 그러던 중 하마단과 카스피 해안 사이에서 길을 잃었다가 다시 찾고는 재빨리 샤를 쫓아갔다. 무슬림이 전하는 일화에서는 수부타이가 해변에 도착했을 때 샤는 이미 배를 타고 멀리 안전한 곳으로 떠난 뒤였다고 한다. 수부

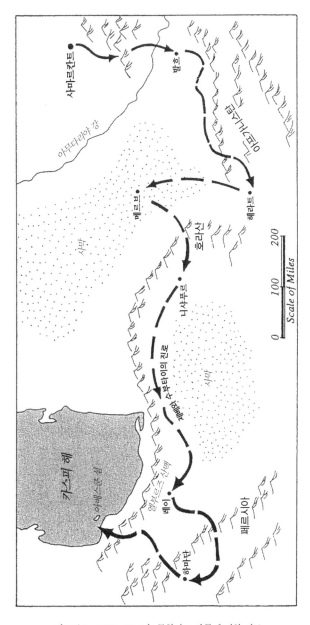

지도 4.2   1220~1221년, 무함마드 샤를 추격한 경로

타이의 군사들은 임무 달성에 실패하자 분노를 감추지 못했고 몇몇 군사는 말을 몰고 바다 속으로 들어가 샤를 쫓다가 물에 빠져 죽기도 했다는 일화가 전하기도 했다. 수부타이는 칭기즈칸에게 작전 실패를 보고하면서 샤가 카스피 해 북쪽 어딘가로 아주 멀리 탈출했다는 말밖에 할 수가 없었다. 물론 수부타이는 샤가 작은 섬에 안전하게 당도한 사실을 알지 못했다. 수부타이가 카스피 해안에 마련한 겨울 야영지로 말 머리를 돌릴 때 그는 샤가 그 외딴 섬에서 배고픔에 허우적거리다가 절망적으로 생을 마감한 사실은 알지 못했다. '제2의 알렉산더' 무함마드 샤 2세의 방대한 제국은 이제 몽골의 발밑에 놓였다.

칭기즈칸과 몽골 본대는 사마르칸트 남쪽 나사프의 평원에서 야영했다. 그곳은 나무숲과 과수원이 있고 시원한 산바람이 부는 쾌적한 고원이었다. 샤의 왕국을 침공한 뒤, 몽골은 2년 동안 연승 가도를 달리며 주요 도시들(수도 포함)을 장악하고 잔혹한 학살 정책을 펼쳐 이슬람 세계에서 가장 아름답고 정교한 곳들을 초토화시켜버렸다. 그래도 그때까지 거대한 흐와리즘 제국에서 실질적으로 정복당한 곳은 동북부의 트란스옥시아나 지방이 유일했다. 북부 지역과 동부의 아프가니스탄, 서부의 호라산 등 나머지 지역은 모두 온전하게 남아 있어 아직은 구정권의 지배의 손길이 닿아 있었다. 어떤 상황에서든 이 지역들이 정복당한다면 그것은 정말 큰일이고 위험한 일이었다. 더욱이 칭기즈칸이 나타난다면 그 위험은 이루 말할 수 없을 것이다.

문제는 인력이었다. 칭기즈칸은 샤의 왕국을 공격하는 데 10만 명에서 15만 명가량의 군사를 동원했다. 거의 모든 전투에서 승리를 거두기는 했지만 요새도시들을 공격할 때는 몽골 병사들의 희생도 따랐다. 카스피 해안의 평평한 곳에 막사를 친 수부타이의 군사는 3만 명 정도였고 칭기즈칸의 두 아들은 5만 명의 병력을 할당받아 북쪽에서 작전을 계속했다. 부족 분견대, 특히 위구르족과 알말리크족이 귀환 요청을 하자 칭기즈칸은 이를 받아들였다. 마지못해 참전한 병사는 쓸모가 없다고 판단했기 때문이다. 당시 사마르칸트 외곽에서는 4만 내지 5만 명 이상의 몽골 본대가 샤의 왕국을 추가로 정복하기 위해 대기하고 있었다. 칭기즈칸은 이 예비 인력으로 적을 무너뜨릴 수 있을지 염려스러웠다. 샤의 아들이자 유능한 군 지휘관인 잘랄웃딘이 이미 동쪽에서 군대를 조직하고 있었기 때문이다. 만약 서부 지역에서도 풍부한 인력을 바탕으로 새 군대가 조직되었다면 몽골군은 자신들을 협공해오는 강력한 두 군대 사이에 꼼짝없이 갇혀버릴 수도 있었다. 이런 상황이라면 몽골군은 훈련도, 속도도, 기동성도 여의치 않아 심각한 패전 위기에 놓일 터였다.

몽골 첩보부는 잘랄웃딘과 동부 지역의 전황을 계속해서 살폈다. 하지만 서부에 대해서는 아무것도 알지 못했다. 칸이 어디로 갔는지 궁금증을 풀어줄 수 있는 사람은 오로지 서쪽으로 떠난 수부타이와 그의 부하들뿐이었다. 어느 날 화살전령이 수부타이가 있는 카스피해 야영지에 이르러 수부타이에게 사마르칸트로 돌아오라는 칸의 명령을 전달했다. 칭기즈칸의 부하들 중 최고의 장수인 용장 수부타이는 말을 타고 여러 역참을 거쳐 때로는 말안장에 몸을 묶어 피로를 떨쳐내기도 하고 식사 시간을 제외하고는 거의 쉬지 않고 달려 카스피해안에서 약 1900킬로미터나 떨어져 있는 사마르칸트에 2주 만에 당도했다.

아랍 연대기 작가들은 수부타이와 대칸의 대화를 기록했다. 수부타이는 칸에게 풍요롭고 강대한 호라산과 그곳의 주요 도시들 그리고 강력한 요새지들에 관해 이야기했다. 호라산의 땅은 헤라트에서 메르브까지 뻗어 있고 서쪽으로는 니샤푸르까지 이어져 있었다. 그러나 땅이 척박한 까닭에 사막 가장자리를 따라 부락이 형성되어 있을 때나 우물이 충분할 때만 겨우 이동할 수 있을 정도였다. 잠자코 듣기만 있던 대칸이 마침내 입을 열었다. "이슬람 군대가 이라크에서 호라산까지 행군하는 데 얼마나 걸리겠는가?"

아랍 연대기 작가들의 기록에 따르면 수부타이는 이렇게 대답했다고 한다. "여름에는 호라산까지 꿈도 못 꿀 것입니다. 햇볕에 식물이 타버리고 강물은 다 말라버리기 때문입니다."[15] 수부타이는 겨울에도 군대가 움직이지 못할 것인데, 그 이유는 동물의 먹이가 적고 무슬림 말들은 몽골 말과 달리 말발굽으로 눈을 파내 풀을 찾아 뜯는 법을 모르기 때문이라고 말했다. 따라서 무슬림 군대가 호라산으로 지원해올 수 있는 시기는 가을이나 봄뿐이었으며, 그마저도 아주 큰 화물 대열이 있어야만 가능했다. 그런 군대는 규모로 보나 속도로 보나 기습 공격이 불가능했다. 몽골군은 만약 그들이 온다면 많은 시간이 걸릴 것이라 생각했다. 수부타이는 자기가 호라산의 끝과 끝을 가로질러 오는 동안 군대를 일으키려는 조짐은 전혀 발견하지 못했다고 말했다. 상당수의 병력이 있기는 했지만 그들은 수비대나 지키고 자리만 보전하려는 사람들이었다. 잘랄웃딘이 사람들을 모으고 있는 동부와 달리 서부에는 그와 같은 지도자가 없었다. 수부타이는 호라산을 지원할 군대가 없을 거라고 확신했다.

수부타이의 정보가 맞는다면 대칸은 서쪽에서 구원병들이 올 것을 염려하지 않아도 되고 동쪽의 잘랄웃딘과의 협공도 걱정할 필요가 없었다. 그리하여 정복 과제로 주의를 돌린 그는 호라산과 아프가니스탄으로 군대를 보냈다. 두 작전 전역은 1000킬로미터나 떨어져 있어 유럽 군대가 가로지르기에는 대단히 먼 거리였지만(그리고 근대기의 군대들도 대부분 마찬가지일 것이다) 몽골군은 쉽게 이동할 수 있었다. 속도도 빠르고 화살전령을 통해 매일 연락을 주고받을 수 있었기에 두 군대는 비록 따로 떨어져서 작전을 수행했더라도 접촉이 끊어지는 일은 없었다. 게다가 둘 사이의 거리가 그리 멀지 않아 필요에 따라서는 한쪽이 다른 한쪽을 신속하게 지원해 하나의 군대로 재결합할 수도 있었다. 칭기즈칸은 그렇게 흐와리즘 제국 정복을 완성하기 시작했다.

1221년 봄, 몽골군은 아무다리야 강을 건너 아프가니스탄과 호라산을 정복하기 시작했다. 몽골군 종대가 발흐를 급습했다. 발흐는 전에 이미 수부타이에게 항복했었지만 이번에는 파멸을 피할 수 없었다. 주민들은 모두 학살되었고 도시는 불태워져버렸다. 그런 다음 칭기즈칸은 툴루이를 메르브로 보내 도시를 굴복시켰다. 이번에도 모든 주민이 도륙을 당했다. 툴루이는 메르브 평원에서 황금의자에 앉아 대량 학살의 현장을 지켜보았다. 남자, 여자, 아이들을 각각 '무리'지어 여러 부대로 보낸 뒤 모두 참수시켰다. 그런 다음 툴루이는 니샤푸르를 공격했다. 칸의 사위인 토쿠차르가 지위를 박탈당한 뒤 일반 사병으로 싸우다가 전사한 곳이 바로 니샤푸르 외곽이었다. 툴루이는 니샤푸르를 급습해 초토화시키는 것으로 보복했다. 토쿠차르의 미망인은 주민 학살을 주도했다. 확인사살을 위해 시신들의 목을 자르고, 남자, 여자, 아이들의 머리를 따로따로 쌓아두었다. '심지어 개와 고양이까지 죽였다.'[16] 다음으로 몽골군은 헤라트를 공격했는데, 이곳의 수비군은 저항을 했지만 시민들은 자비를 구하며 문을 개방했다. 그러자 툴루이는 시민들은 살려주고 흐와리즘 수비군만 모조리 살해했다. 임무를 끝낸 툴루이는 우르겐치를 막 장악한 칭기즈칸과 차가타이 그리고 오고타이의 대열과 합류했다.

이제 몽골은 힌두쿠시 산맥을 넘고 아프가니스탄을 공격해 바미얀아프가니스탄 중부에 있는 도시을 점령했다. 이 과정에서 칸이 아끼던 손자 무투겐이 목숨을 잃었다. 복수를 다짐한 칭기즈칸은 약탈을 불허하고 모든 것을 파괴했다. 포로를 만들지 않고 '살아 있는 것은 모조리 학살'했다.[17] 동쪽에서는 잘랄웃딘이 아프간 산맥의 심장부인 가즈니아프가니스탄 가즈니 주의 주도州都에 대피해 있다가 그곳에서 새로 군사를 모아 카불 북쪽 파르반아프가니스탄 중앙부의 주에서 몽골 군단을 무찔렀다. 격노한 칸은 가즈니로 행군했지만 잘랄웃딘을 쫓아가느라 도시를 우회했다. 긴 추격 끝에 몽골군은 인더스 강 기슭에서 흐와리즘 왕자 잘랄웃딘을 따라잡았고 1221년 11월에는 사면초가에 빠진 그의 군대를 난도질했다. 그런데 정작 잘랄웃딘은 그곳에서 탈출해 델리 술탄 궁정으로 피신했다.[18] 하지만 잘랄웃딘의 가족은 이미 몽골의 손에 넘어가버렸고 남자 아이들은 모두 살해되었다. 파르반에서 몽골군이 패했다는 소식이 몽골군 선발대 후위에 전해지자, 몇몇 도시가 몽골에 대항해 반란을 일으켰다. 이로 인해 가즈니와 헤라트, 메르브 사람들은 몽골의 보복을 염려해야 했다. 결국 모든 것은 파괴되었고 남아 있던 사람들은 도륙되거나 추방되었다. 몽골은 흐와리즘 샤의 거대한 제국을 이렇듯 극도로 잔인하게 정복했다.

수부타이는 이들 전투에서 활약하지 않고 카스피 해에 있는 야영지로 돌아갔다. 칸을 만난 자리에서 그는 카스피 해 너머에 '얼굴은 갸름하고 밝은 색 머리에 눈이 파란 사람들이' 살고 있는 킵차크라는 땅에 관해 이야기했다. 그는 자신과 제베 그리고 2만의 군사가 카스피 해로 원정하여 그 주위를 정찰한 다음, 몽골로 돌아올 때는 킵차크로 오게 할 것을 대칸에게 제안했다. 괜찮은 의견이라고 생각한 칭기즈칸은 출정을 허가하면서 수부타이에게 3년 안에 몽골로 돌아오라고 지시했다. 1220년 늦가을, 수부타이와 몽골 기병대는 군사 역사상 가장 놀라운 기마 공격을 시작하게 된다.

5

위대한 기마 공격

　1220년 늦은 여름, 카스피 해안 평지에 막사를 친 수부타이는 서방에 대한 몽골의 첫 군사작전을 계획하기 시작한다. 수부타이의 군대는 2만5000명에서 3만 명으로 구성되었으며 위풍당당한 제베가 그중 1만호를 지휘하기는 했지만 총지휘권은 수부타이에게 있었다. 그가 내놓은 아이디어로 카스피 해 인근에 배치된 대규모 기병대의 임무는 새로 정복한 호와리즘의 서쪽 지역을 가능한 한 구석구석 꼼꼼하게 정찰하는 일이었다. 이 작전의 목적은 몽골군에 필요한 정보를 얻고 낯선 군대의 군사적 역량을 평가하는 것이었다. 훗날 문헌에서도 드러나듯이 수부타이는 이미 몽골의 유럽 정복을 준비하고 있었다.

　겨울에 적합한 야영지를 찾던 수부타이는 카스피 해안을 따라 북쪽을 답사했다. 그는 페르시아 서북쪽 고원을 넘고 아제르바이잔으로 진입해 튀르크인 총독이 통치하는 아제르바이잔의 수도이자 그 일대에서 가장 풍요로운 타브리즈이란 서북부에 있는 도시로 곧장 향했다. 수부타이는 자신들에게 많은 양의 은과 옷감, 말을 바치지 않으면 도시를 불태우겠다며 총독을 협박했다. 총독은 순순히 따르는 것이 최선이라고 여겨 몽골족에게 수많은 공물과 군수품을 바쳤다. 겨울이 다가오자(1220~1221), 수부타이는 카스피 해로 흐르는 쿠라 강캅카스 산맥을 흐르는 강과 아락스 강캅카스에서 큰 강 중 하나로 아라스 강으로도 불림을 따라 군사들을 북쪽과 동쪽으로 이동시켰다. 이곳 모간 초원의 겨울은 꽤 따뜻해서 몽골군은 1월 내내 말을 살찌우고 다가오는 전투에 대비할 수 있었다.[1] 몽골군은 수부타이에 의해 일명 '사나운 쿠르드족'인도·유럽 어족의 언어를 쓰는 쿠르디스탄 지방에 사는 유목 민족이라 불리는 사람들을 수천 명 모집해 병력을 충원했다.[2]

1221년 2월, 수부타이의 군대는 카스피 해 남쪽 끝에서 행군을 시작했다. 지도 5.1은 몽골군의 작전 지역을 나타낸 것이다. 수부타이의 군대는 쿠라 강 기슭을 따라 거대한 협곡을 통해 이동했는데, 강의 서쪽 끝에는 캅카스러시아 남부, 카스피 해와 흑해 사이에 있는 산계·지역의 총칭. 영어로는 코카서스·코카시아라고도 함산맥의 보호를 받는 티플리스(지금의 트빌리시)가 있었다. 수부타이의 임무가 정찰이었다는 점에 비추어볼 때 그는 조지아 민족과 싸울 생각이 전혀 없었으며 그저 산맥을 넘어갈 안전한 길을 찾고 있었다고 보는 것이 옳을 것이다.[3] 그러나 몽골에 관한 소문은 이미 퍼져 있었고 수부타이가 타브리즈를 협박했을 때 조지아의 게오르그 4세(대왕)1191~1223. 통일 조지아 왕조 바그라티오니의 왕. 재위 1213~1223는 언젠가는 자신도 몽골과 전쟁터에서 맞붙거나 타브리즈 총독과 같은 운명에 처하게 되리라는 생각이 들었다. 조지아군은 전투 기량과 성능 좋은 무기로 유명하고 3만 명의 쿠만족(튀르크계 유목민들의 일로로 원래는 1237년 몽골족의 침입으로 헝가리로 이동할 때까지 킵차크 초원으로 불리는 현재의 카자흐스탄으로부터 동유럽까지의 평원 지대 흑해 북해안으로부터 베사라비아(현 몰도바)에 퍼져 유목생활을 하며 킵차크 동맹의 서부 분파를 이룸) 근위 기병대를 보유하고 있었다. 몽골군이 쿠만 평원을 지나 쿠라 강을 거슬러 올라가고 있다는 소식이 왕에게 전해지자, 게오르그 4세와 기마 기사 7만 명이 이를 저지하러 나섰다.

두 군대는 서로 대치한 상태에서 회전 공세를 취했다(지도 5.2). 조지아 기병대가 먼저 (1) 몽골의 중앙을 집중 공격했다. 수부타이는 경기병대 궁수들을 투입해 적의 전방을 연달아 일제 사격했다. 특히 몽골 화살은 단철쇠를 불려서 단련함로 된 화살촉이 갑옷도 뚫을 수 있었기에 기사들에게 큰 피해를 입혔다. (2) 조지아군은 엄청난 피해를 입고도 공격을 밀어붙인 반면 몽골군은 적이 진격해오기 전에 기마 기사들을 유인함과 동시에 서서히 퇴각하면서 이 기독교 군대가 (3) 지친 말을 탄 채 평원에 넓게 퍼질 때까지 기다렸다. 조지아군의 전술을 예측한 수부타이는 전장 뒤쪽 숲에 여분의 말들을 대기시켜두었다. 그리하여 새 말로 갈아탄 몽골군은 이제 치명적인 (4) 반격을 실시한다. 1차 공격으로 화살 세례를 퍼부은 몽골군이 이번에는 새 말을 탄 중기병대로 적진을 공격해 조지아군의 대형을 흩트려놓았다. 조지아군은 몽골군 양 날개가 본대 쪽으로 가까이 오자 사방으로 분열되고 말았다. 버틸 수 있다는 희망이 사라져버린 왕은 아직 상태가 괜찮은 기병들과 함께 달아났다. 몇몇 용감한 기사는 티플리스에서도 저항했지만 곧 제베의 기병대를 만나 학살되었다. 2주 동안 게오르그 4세와 생존 병들은 도시를 향해 직접 공격이 들어오기를 기다렸지만 그런 일

지도 5.1 몽골군 작전 전역

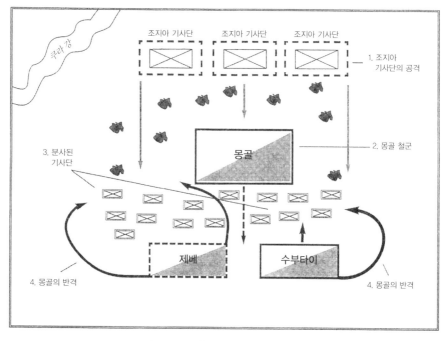

지도 5.2 쿠라 평원에서의 첫 번째 전투

은 없었다. 몽골군이 사라져버린 것이다.[4]

수부타이는 군대를 다시 남쪽의 페르시아와 아제르바이잔으로 철
수시켰다. 전투는 승리로 끝났지만 전투를 벌인 것 자체는 완전한 실
수였다. 몽골군의 목표는 캅카스 산맥을 넘어 러시아 초원에 도달하
는 것이었기 때문이다. 만약 그들이 이 목표를 이루기 위해 조지아 전
지역에 걸쳐 대격전을 벌여야 했다면 병사들은 유럽에서 가장 높고 험
준한 산줄기인 캅카스를 넘어갈 형편이 못 되었을 것이다. 수부타이
의 계획은 원래 진군 중에 쉬운 목표만 공격해서 말과 전리품을 비축
한 뒤, 일단 러시아 초원에 다다르면 그 비축물로 동맹을 만들어 안전
하게 다니는 것이었다. 몽골군은 티플리스처럼 요새화된 도시를 공격
할 시간도, 인력도 없었다. 그래서 수부타이는 조지아 수도를 공격하
지 않고 남쪽으로 후퇴한 뒤, 페르시아 마을들을 습격해 보급 물자와
말을 보충하고 그것으로 쿠라 평원 전투를 치렀다.[5]

다음으로 몽골군은 무슬림 포로들을 공격 대형 전방에 세우는 익
숙한 전술을 활용해 마라게이란 서북부, 동東아제르바이잔 주에 있는 도시를
공격했다. 1221년 3월 30일 도시를 장악한 그들은 주민들을 학살하
고 전리품을 있는 대로 긁어모았다. 그로부터 한 해 전에 수부타이는
하마단을 공격하지 않는 대가로 보상을 받아냈었다. 그런데 이번에 마
을 유지들이 2차 상납을 거부하자 몽골군은 그에 대한 응징으로 하마
단을 공격했다. 하지만 주민들이 전처럼 쉽게 물러서지 않고 직접 몸
을 던져 몽골군에 저항함에 따라 끔찍한 시가전이 벌어졌다. 이에 몽
골군은 곧 저항을 제압한 뒤 주민 학살로 대응했다. 수부타이의 군대
가 북쪽으로 다시 돌아갈 때쯤 아름다웠던 그 페르시아의 도시는 연
기가 피어오르는 폐허가 되어 있었다.[6]

1221년 늦가을, 캅카스의 산기슭에는 이미 겨울이 시작되어 전투태세를 취하는 유럽 군대가 없어질 무렵에 수부타이와 몽골군은 서쪽으로 진군하여 다시 한번 조지아로 향했다. 이번에는 카스피 해안을 따라 질주해 카스피 해 서쪽 해안가 캅카스 산기슭의 다게스탄 지역 사이에 위치한 강력한 요새도시 데르벤트러시아 서남부 다게스탄 공화국에 있는 도시로 향했다. 이곳의 거대한 요새는 도시와 항만을 보호할 뿐만 아니라 산맥과 초원을 잇는 강철문도 지키고 있었다. 시기상 적절한 계절이 아니었고 수부타이가 고른 진로도 부차적인 경로였다는 점을 감안하면 그는 조지아군과의 접촉을 피하고 싶어했을 가능성이 높다. 만약 그렇다면 그의 계획에는 결국 차질이 생기는 셈이다. 그해 초 몽골군이 티플리스 공격에 실패한 것을 보고 자신이 그들을 물리쳤다고 생각한 게오르그 4세가(싸우다 달아났음에도!) 대군을 이끌고 몽골군의 진군을 막으러 나섰기 때문이다. 싸움을 벌이지 않고 캅카스 산맥을 넘어가려 했던 수부타이는 결국 자신의 계획이 실패로 돌아가면서 조지아군을 상대해야 할 처지에 놓였다.

　전투는 전보다 훨씬 더 좁은 지대에서 펼쳐져 캅카스 산맥의 마지막 기슭인 다게스탄 언덕을 거의 수직으로 등지고 있었다. 경사진 언덕들은 전장 동쪽까지 이어졌다. 수부타이는 그 사이 좁은 통로에 제베의 군사 5000명을 배치했다. 지도 5.3은 전투에 포진된 여러 부대를 나타내고 있다. 조지아 기사들은 앞서 몽골군을 한 번 만난 적이 있었기에 이번에는 밀집 대형을 유지하면서 조심스럽게 몽골군 대열로 진격했다. (1) 일단 그들은 몽골군의 화살 공격 범위 바깥에서 천천히 움직였다. 수부타이는 조지아군 지휘관에게 이런 인상을 심어주는 것에 만족한 듯 보인다. 경기병대 궁수들이 적의 전방을 반복해서 누비고 다녀도 화살이 조지아군 대열에 미치지 않는 상황을 말이다. 수부타이는 진격해오는 조지아 기사들에게 너무 큰 피해는 입히지 말라고 궁수들에게 지시했다. 조지아군이 진격해오자 수부타이는 더 멀리 후퇴해 조지아 본대를 통로 입구까지 유인했고, 그들은 곧 측면에서 제베의 맹공격을 받게 된다. (2) 측면에서 기습 공격을 당한 조지아군은 수부타이가 계속해서 후퇴할 것이라 믿으며 방향을 돌려 제베의 공격에 맞섰다. 그렇게 같은 자리에서 제베의 공격을 받아내던 조지아군은 결국 본격적으로 교전을 치르게 되었다. (3) 이제 수부타이는 후퇴를 멈추고 돌아서서 노출된 조지아군의 측면을 직접 강타해 단 한 번의 압도적인 공격으로 조지아군 대열을 관통해 결집을 무너뜨렸다. (4) 양방향에서 공격을 받은 조지아군은 곧 무너져 달아나기 시작했다. 왕과 호위병들은 탈출했지만 나머지 조지아군은 전멸했다.[7]

　독실한 기독교 국가 조지아의 군대가 1년 사이 몽골에게 두 번 패하고 소멸하자, 조지아는 완전히 무방비 상태가 되고 말았다. 게오르그 4세는 갓 태어난 아들만 남겨둔 채 세상을 떠났으며 왕위는 그의 여동생인 루수단에게 넘겨졌다. '처녀왕' 루수단은 교황에게 다음과 같은 편지를 쓴 인물이기도 하다.

　잔인무도한 타타르인들이 마치 약탈에 굶주린 탐욕스런 늑대처럼 용맹한 사자처럼 무시무시한 기세로 이 나라를 침략…… 용감한 조지아 기사단이 2만 5000명의 침략자를 쓰러뜨렸습니다. 아아, 하지만 이제 우리는 성하게 십자가를 지겠다고 했던 약속을 더 이상 지킬 수 없게 되었습니다.[8]

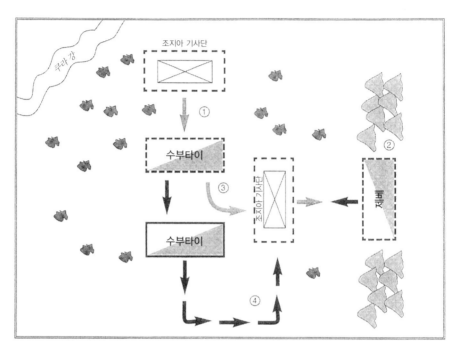

지도 5.3 쿠라 평원에서의 두 번째 전투

이로써 조지아는 다음 십자군에 참가할 병력이 고갈되고 말았다. 조지아군은 수부타이와 치른 두 번의 전투에서 10만 명 이상의 전사를 잃었다. 나라를 지켜줄 군대가 없어진 조지아는 그 후 몇 년 동안 산적과 강도들에게 끊임없이 시달리게 된다.

수부타이와 그의 군사들은 데르벤트로 가서 시르반의 샤 라시드가 피신해 있는 성을 포위한다. 한겨울에 캅카스 산맥을 넘을 작정이었던 수부타이는 식량은 물론이고 자신들을 산으로 안내해줄 사람이 필요했다. 그는 도시를 오랫동안 포위할 생각이 없었다. 라시드와 몽골군은 조속히 협상을 체결해 몽골군은 도시를 해치지 않고 산을 넘어가기로 하고 라시드는 사료와 보급 물자, 식량 그리고 가장 중요한 산악 안내인들을 제공하기로 했다. 하지만 이 무슬림 샤는 어리석은 사람이 아니었기에 자신의 지시를 충실히 따를 사람들로 골라 안내인을 직접 선발했다. 그렇게 선발된 안내인들은 지시에 따라 몽골군을 산으로 인도하되 가장 길고 험난한 경로로 가게 했다. 샤는 또한 최단 경로로 비밀 전령을 보내 서쪽 초원에서 경고음을 울리게 했다. 수부타이도 당연히 어느 정도의 기만행위는 예상하고 있었을 것이다. 그는 경고의 의미로 선발된 안내인들 가운데 한 명을 골라 참수했다. 때가 되자 안내인들은 샤의 지시대로 몽골군을 험한 경로로 인도하며 임무를 충실히 했다.

캅카스 산맥을 넘는 데는 많은 희생이 따랐다. 투석기를 비롯한 투척병기와 많은 짐을 눈 속에 버려야 했고 몽골 병사들 또한 수백 명이 얼어 죽었다. 제베는 분명 전에 호와리즘과의 전쟁에서 톈산 산맥을 넘어 페르가나 분지로 향하던 여정을 떠올렸을 것이다. 그때의 여정과 비슷한 것은 더 있었다. 몽골군이 강행군하여 깎아지른 듯한 시커먼 바위들 사이 캅카스의 빙하로 내려가 테레크 강러시아 캅카스 지방 북부에 있는 강 유역으로 이어지는 급류 계곡에 당도했을 때였다. 수부타이는 그 아래 평원에서 전투대형으로 몽골군을 기다리고 있는 5만 명의 군사를 발견했다. 제베도 이와 같은 방식으로 페르가나 분지에서 기다리고 있는 호와리즘 샤의 군대를 만난 적이 있었다. 고된 여정으로 지친 데다 병사들의 죽음으로 규모도 줄어든 수부타이의 군대는 자신들보다 수가 배나 많고 완전무장한 적군을 마주하게 된다. 그들은 좁은 산길에서 몽골군이 빠져나오지 못하게 봉쇄해 기동력을 철저히 제한하고 있었다.

몽골군이 마주한 군대는 캅카스 산악마을 주민들의 연합이었다. 이들은 레즈긴족, 체르케스족, 알란족으로 여겨지며, 특히 이란 스키타이계인 알란족은 정교도들이었다.[9] 연합을 주도한 것은 몽골군이 호와리즘과의 전쟁에서 학살했던 캉글리몽골 킵차크한국의 주류를 이룬 터키계 유목민와 혈족관계인 킵차크(쿠만)족이었다. 몽골군이 얼마 전에 전멸시킨 조지아 왕실 근위 기병대도 쿠만족으로 이루어져 있었다. 그러나 쿠만의 저항에는 유혈 복수 이상의 의미가 있었다. 쿠만족은 오래전부터 볼가 강러시아 서부를 흐르는 강과 도나우 강다뉴브 강. 독일 남부의 산지에서 발원하여 흑해로 흘러드는 국제 하천 하류의 러시아 초원을 누비던 약탈자들이었다. 비기독교도였던 쿠만족은 이 땅을 자신들의 사냥터로 여겼고 몽골족을 자신들의 전유물을 위협하는 존재로 여겼다. 쿠만족은 또한 불가르족흑해에 인접한 아조프 해 연안에 있었다고 추정되는 유목민과 하자르족캅카스와 볼가 강·돈 강의 중간 지역을 본거지로 한 백색계 유목 민족을 설득해 동맹을 맺고 쿠만 족장 쿠텐은 자신의 형인 유리에게 대군을 맡겨 몽골의 진로를 막게 했다.[10]

　라시드 샤의 전령으로부터 소식을 전해 듣고 있던 쿠만 족장은 몽골족이 산을 넘어 접근하리라는 것을 알고 침략자 몽골족을 괴멸시킬 대규모 군대를 배치했다. 수부타이는 오랜 군인생활 동안 몇 번 겪지 않았던 예상 밖의 포위를 여기서 당하게 된다. 그는 후퇴할 수가 없었다. 산으로 되돌아가면 임무를 포기해야 하는 데다 반대쪽에는 라시드 샤의 무슬림 군대가 기다리고 있었기 때문이다. 퇴각할 방도도 없고 지형도 좋지 않아 기동성마저 떨어진 상태에서 수부타이는 지친 군사들에게 정면공격을 지시했다. 몽골군은 맹렬하게 공격을 밀어붙였지만 그 많은 무장병력은 무너질 기미가 보이지 않았다. 가파른 언덕으로 퇴각할 수밖에 없었던 수부타이는 궁수들을 바위 뒤에 배치해 방어 태세를 취했다. 부족 연합군을 지휘하던 쿠텐의 형 유리와 그의 아들 다니엘은 몽골군의 매복에 말려들지 않기로 했다. 또한 몽골 진형을 무작정 공격해 몽골 궁수들에게 손쉬운 먹잇감을 던져주는 위험한 행동도 하지 않았다. 대신 쿠만족과 그의 동맹들은 퇴로 양쪽에 진을 치고 몽골군이 철군하거나 추위와 굶주림으로 죽을 때까지 기다리기로 했다.

　수부타이는 꾀를 내어 이 문제를 해결했는데 이 일화는 군사적 대립에서 외교 수완이 얼마나 중요한가를 알려주는 전형적인 예다. 그는 쿠만족에 밀사를 보내 말과 황금을 뇌물로 바치며 쿠만과 몽골은 초원의 형제이니 서로 싸울 이유가 없다는 말을 전했다. 몽골의 진짜 적은 무슬림과 기독교도들이었다. 쿠만 파견대는 뇌물을 받고는 밤에 조용히 떠났고 나머지 부족 파견대는 곧 살해되었다. 그러나 몽골 정찰병들이 쿠만족을 따라가 파견대를 둘로 나누고 서로 다른 방향으로 움직이자 수부타이와 제베는 재빨리 본대를 따라잡은 뒤에 괴멸시켜

버렸다. 귀중한 말과 보물을 되찾은 몽골군은 쿠만족 포로들을 모조리 처형했다. 그 뒤 몽골은 아스트라한을 공격하고 약탈했다. 드디어 러시아로 가는 길이 열린 것이다.

수부타이는 군사들을 쉬게 하고 보급 물자를 보충했다. 그의 병력은 이제 2만 명이 조금 못 되었지만 몽골군은 마침내 도시와 산을 벗어나 고향과도 같은 탁 트인 초원으로 왔다. 수부타이는 주요 임무인 정찰을 계속하기로 하고 군대를 분할했다. 그는 아조프 해안을 답사하고, 쿠만이 몽골을 다시 공격하고자 그 지역에서 동맹을 결성하지는 않았는지 확인하기 위해 1만 명의 군사를 이끌고 서남쪽으로 이동했다. 제베는 나머지 군사들을 데리고 돈 강동부 유럽의 러시아를 흐르는 강을 찾아 서쪽으로 이동한 뒤 그곳에서 수부타이가 도착하기를 기다렸다. 이번 아조프 해 정찰에서 수부타이는 처음으로 서유럽 사람들을 만나게 된다. 그들은 베네치아에서 온 상인들로 아조프 해안에 작은 교역소를 지어두고 있었다. 수부타이는 이 상인들이 서방의 정보를 전해줄 귀중한 원천임을 알아차리고 그들을 막사로 초대해 후하게 대접했다.

몽골족의 군사 장비나 질 좋은 중국 비단 속옷을 보고 그들을 야만족이 아니라고 판단한 베네치아인들은 몽골인들과 교류할 생각에 수부타이와 정보 무관들의 질문에 잘 대답해주었다. 수부타이의 군대는 정보 수집 체계가 잘 갖춰진 편이었다. 정보 수집을 담당하는 막료 가운데는 이미 거쳐온 지역들의 지도를 세밀하게 그려낸 금나라 학자들도 있었다. 그들은 포로나 정찰대를 통해 입수한 정보를 토대로 앞에 놓인 땅의 지도를 그렸다. 심지어 베네치아인들이 제공한 정보를 토대로 헝가리와 폴란드, 실레지아슐레지엔, 중부 유럽의 역사적인 지역, 보헤미아의 가假지도를 그려내기도 했다. 이 무관들은 지역의 인구를 대략적으로 파악하거나 농작물의 종류와 산출량 등을 조사하고 심지어 기후에 관한 기록을 모아두기도 했다. 수부타이의 군대는 의사와 외교관을 비롯해 아르메니아인 주교를 포함한 통역단과 함께 답사를 다녔다. 실제로 몽골군 화물차를 탄 무슬림 상인들은 수완이 좋아 현지 러시아인들에게 이미 성경책 사본을 싼값에 팔고 있었고 이는 베네치아 상인들의 뇌리에 뚜렷이 각인되었다.[11] 어느덧 떠날 때가 된 베네치아인들은 몽골인들과 비밀 조약을 맺어 자신들이 방문하는 나라들의 경제력과 군사 동향 등을 자세하게 기록해 몽골군에 보내기로 했다. 그 보답으로 몽골군은 수부타이의 군사들이 가는 곳마다 다른 교역소가 있으면 모조리 파괴해 베네치아 상인들이 독점할 수 있도록 돕겠다고 약속했다.[12] 1222년 가을과 초겨울에 몽골 정찰대는 돈 강과 드네프르 강벨라루스와 우크라이나를 흐르는 강을 건너 크림 반도를 급습하고 드네스트르 강우크라이나 남부를 흐르는 강을 따라 정보를 수집하며 군사의 움직임을 보고했다.

자신의 형과 그의 아들이 몽골의 손에 목숨을 잃었다는 소식을 전해 들은 쿠텐은 나머지 쿠만 병사들과 북쪽으로 이동해 러시아 공국인 키예프와 체르니고프에서 도피처를 찾아다녔다. 쿠텐은 힘을 합쳐 몽골군을 물리쳐야 한다며 러시아 대공大公 유럽에서 소국小國의 군주를 이르는 말들을 설득할 방법을 강구했다. 그러나 러시아를 향한 그의 호소는 거의 1년 동안 받아들여지지 않았다. 러시아로서는 그들 자신이 수십 년간 쿠만족의 공격으로 피해를 입은 당사국인 데다 이 도적들이 몽골인들에게서 뇌물을 받은 것도 불만이었기 때문이다. 그러나 몽골군이 드네스트르 강 기슭을 따라 행군하고 있으며 그곳의 농장과 민가를 초토화시키고 있다는 소식이 키예프에 전해지자, 몇몇 러시아 대공은 쿠만족의 호소에 적극적으로 귀를 기울였다. 그중 맨 처음 쿠만의 주장을 지지한 사람은 쿠텐의 딸과 결혼함으로써 약탈자 쿠만족에게서 소유지를 지킨 갈리치아 대공 므스티슬라프 흐라브리the Daring 러시아어로 용맹한 자였다. 쿠텐이 판단한 전략적 상황에 동의한 므스티슬라프는 다른 대공들에게 몽골군이 자신들의 땅을 밟기 전에 군사를 모아 몽골의 위협을 차단하자고 설득했다. 그리하여 가장 먼저 므스티슬라프와 그의 사위인 볼리니아의 다니엘 대공이 군사들을 모았다. 곧 쿠르스크의 올레크 대공, 키예프와 체르니고프 대공들이 이끈 분견대가 합류하고 수즈달의 유리 대공이 로스토프 대공인 조카의 군대를 보냈다. 이들이 연합하자 러시아 군사는 8만 명에 육박했다. 여러 러시아 공국의 봉건 기사들이 수부타이와 몽골군에게로 하나둘 모여들기 시작했다.

심상치 않은 러시아군의 움직임은 곧 몽골 정찰병들에게 발각되고 말았다. 수부타이는 아랄 해 북쪽에서 작전 중이던 주치가 원군을 보내주기를 기대하고 있었지만 전령을 통해 주치가 병이 났다는 소식이 전해지면서 원군은 기대할 수 없게 되었다. 몽골군은 드네프르 강 동쪽 만곡부에 자리한 쿠르스크의 서남쪽에 포진했다. 러시아군은 약속 지점인 드네프르 강 호르티차 섬으로 집결하고 있었다. 쿠르스크 군대는 이미 몽골의 전선을 가로질렀고 쿠만군은 초원을 지나 몽골군의 후방으로 향하고 있었다. 키예프와 체르니고프 대공들이 이끈 군대는 북쪽에서 강을 따라 내려오고 있었다. 남쪽의 갈리치아와 볼리니아 대공들은 몽골군의 후방에 상륙시킬 군사들을 배 1000척에 실어 드네스트르 강과 흑해 해안으로 띄워 보냈다. 수부타이는 동쪽으로 빠르게 이동하지 않으면 여러 갈래로 진격해오는 러시아군에게 잡힐 위험이 있었다.

몽골군은 이번에도 외교 전략을 써서 우세한 적군의 연합을 깨뜨리고자 했다. 그리하여 키예프 대공에게 밀사를 보내 러시아는 몽골 때문에 불안해할 필요가 없다는 메시지를 전했다. 몽골군이 온 목적은 오로지 러시아의 적이기도 한 쿠만족을 섬멸하는 것이라고 했다. 게다가 몽골군은 러시아 도시들이 있는 방향이 아니라 그 반대 방향인 동쪽으로 행군하여 러시아에서 멀어지고 있었다. 키예프 대공은 책략에 넘어가지 않고 몽골 사신을 처형해버렸다. 그런데 사신을 잃은 몽골군이 곧바로 다른 사신을 보내 공식적으로 전쟁을 선포하자 대공은 놀라지 않을 수 없었다. 몽골군은 전투를 벌이기 전에 가급적 전쟁을 선포하는 관습이 있었다.

러시아군에 의해 고립되지 않기 위해 수부타이와 제베는 러시아를 떠나 동쪽으로 계속해서 이동했다. 그들은 하마베크라는 무관이 지휘하는 1000명의 후위 부대를 남겨두어 적의 동향을 보고하고 러시아군이 드네프르 강을 건널 때 시간을 끌도록 했다. 몽골군 본대가 러시아군보다 더 빠르게 물러가자, 므스티슬라프의 지휘 아래 러시아군 선봉은 다른 적군의 출현으로 혼돈의 한가운데 있는 몽골군 후위와 강을 사이에 두고 마주하게 되었다. 분명한 사실은 러시아군이 총지휘권을 가진 자가 없어 누구나 자기 생각대로 행동할 수 있었다는 것이다. 몽골군 후위 부대가 반대쪽 기슭에서 끈기 있게 기다리는 동안 러시아군은 무슨 작전을 펼칠 것인가를 두고 논쟁을 벌였다. 결국 므스티슬라프가 무려 1만 명의 군사와 함께 배를 타고 강을 건넜다. 몽골 궁병들의 화살 공세에 므스티슬라프의 군사들은 큰 피해를 입었고 후위 부대는 진지를 고수했다. 하지만 결과적으로 러시아군이 수적으로 아주 우세해 몽골군의 후위는 한 명도 남김없이 전멸되고 말았다. 지휘관 하마베크도 목숨을 잃었다. 승리에 고무된 므스티슬라프는 몽골군을 집요하게 추격하기 시작했고 그러는 동안 나머지 러시아 분견대는 므스티슬라프를 따라 하나둘 강을 건너 공격에 나섰다.

러시아군은 아조프 해 북쪽으로 후퇴하는 몽골군을 9일 동안 추격했는데, 뒤따라오는 러시아 분견대는 거의 90킬로미터 거리를 이동하면서 점점 더 쇠약해져갔다. 한편 몽골군이 전에 정찰했던 지형으로 진입하면서 그곳에 관한 정보를 갖춘 수부타이가 우세해졌다. 1223년 5월 31일, 몽골군은 칼카 강 서쪽 기슭에 멈춰 방향을 바꾸고 강을 등진 채 전투태세를 취한 다음 러시아군이 나타나기를 기다렸다. 므스티슬라프의 지휘 아래 러시아 선봉부대가 좁은 골 안으로 들어갔을 때 그곳에는 전투대형으로 포진한 몽골군이 있었다(지도 5.4). (1) 므스티슬라프는 나머지 분견대가 따라올 때까지, 심지어는 후방 지휘관들에게 작전을 알리기 위해 보낸 전령이 도착할 때까지 기다리지 않고 갈리치아군과 쿠만군 기병대에 정면공격을 지시했다. (2) 허겁지겁 따라잡느라 진이 빠진 쿠르스크와 볼리니아 군사들도 공격에 가담했다.

러시아군의 공격은 조직력이 매우 약했다. 몽골 경기병대는 러시아군의 공격로를 앞뒤로 오가며 집중적으로 화살 공세를 퍼부어 대체로 치명적인 효과를 냈다. 이들의 화살 공세로 쿠만군과 갈리치아군 사이에는 빈틈이 생겼다. 몽골군이 던진 화로로 인해 전장에 시커먼 연기가 드리우자 시야가 가려진 몽골 경기병대는 곧바로 공격을 중단했다. (3) 러시아군이 연기 속에서 움직이느라 혼란에 빠져 있을 때 몽골 중기병대가 갑자기 나타나 두 분견대 사이에 벌어진 빈틈으로 돌진했다.

5 \| 위대한 기마 공격

충격은 어마어마했다. 그 바람에 쿠만군은 공포에 질려 후방으로 달아났다. 그때 뒤늦게 공격에 가담한 쿠르스크와 볼리니아 분견대는 재빨리 틈을 벌려 쿠만군이 그들 사이로 지나갈 수 있도록 했다. 하지만 몽골 중기병대가 그 틈으로 돌진해 쿠만군을 바짝 쫓은 뒤에 쿠르스크와 볼리니아 분견대를 사정없이 공격했다. 이미 전투가 한창인지도 모른 채 전장으로 향하고 있던 체르니고프군은 달아나던 쿠만군과 정면으로 부딪쳤다. 그리고 쿠만군과 충돌하자마자 체르니고프 대공은 뒤쫓아오는 몽골 기병대의 공격을 받게 되었다. (4) 그러다가 갑자기 몽골군의 양익이 충돌한 분견대 주위로 좁혀와 퇴로를 막았다. 포위된 러시아군은 여러 차례 일제히 날아오는 궁수들의 공격과 더불어 일정한 간격으로 날아오는 중기병대의 공격에 큰 피해를 입었다. 몽골군이 러시아군을 조직적으로 학살하기 시작했을 때 살아남은 러시아 군사들 중 일부는 므스티슬라프의 주도 아래 가까스로 포위망에서 벗어났다. 후방으로 달아나던 이들은 전장에 도착한 마지막 러시아 분견대인 키예프 대공의 군대 사이로 뛰어 들어갔다. (5) 전쟁은 결국 궤멸로 끝났고 러시아군은 달아났다. 움직임이 느렸던 수즈달-블라디미르 대공의 군사들은 칼카 강 전투가 끝날 무렵에도 체르니고프 시까지밖에 진군하지 못했다.

결국 1만8000명의 몽골군과 동맹인 5000명의 브로드니키군은 대공 6명과 귀족 70명을 포함해 러시아군 4만 명을 괴멸시켰다. 그리고 나서 몽골의 맹렬한 추격이 시작되었다. 몽골 기병대는 패잔병들이 드네프르 강을 건너갈 때까지 약 250킬로미터에 걸쳐 러시아 잔여병들을 제거했다. 키예프 대공은 명예를 지키기 위해 강기슭에 견고하게 방어진지를 치고 1만 명의 분견대로 강하게 저항하며 잔여병들을 드

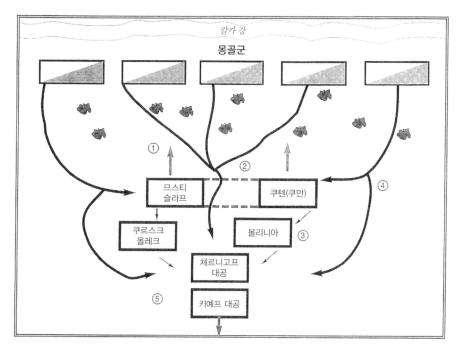

지도 5.4 칼카 강 전투

네프르 강 너머로 철수시키는 데 안간힘을 썼다. 그러나 몽골군은 사흘 만에 막사를 성공적으로 습격하고 키예프 분견대를 괴멸시켜 1만 명의 러시아군을 학살했다.[13] 키예프 대공은 몽골 사신을 살해한 죄로 상자 안에 갇혀 질식사했다. 몽골 전통에서 왕족은 전투 중이 아닐 때 피 흘리는 것을 금했다.

이제 러시아로 가는 모든 활로가 열렸다. 수부타이는 드네프르 강을 건너 농촌을 폐허로 만들고 주민들을 학살해 몽골의 힘을 과시했다. 그러던 중 전령이 도착해 주치의 군대를 찾아 연합한 뒤, 볼가 불가르족을 섬멸하라는 대칸의 지시가 전달되었다. 차리친_{근대의 스탈린그라드. 지금의 볼고그라드} 근처에 있던 수부타이의 군대는 볼가 강을 건너 불가르족을 향해 동북쪽으로 행군했다.[14] 얼마 안 가 지쳐 있던 수부타이의 군사들은 주치의 군사들과 만나게 된다. 불가르는 카마 강_{우랄 산맥 서쪽에서 시작해 우드무르트를 지나 사마라에서 볼가 강으로 흘러드는 강} 전투에서 패했는데, 그 당시 몽골군은 이미 불가르족의 견고한 매복 공격으로 전력을 크게 상실한 터였다.[15] 매복과 그 이후 몽골군의 승리에 관한 자세한 내용은 전해지지 않고 있다. 배신을 잊지 않는 민족인 몽골족은 한 해 전에 동쪽의 캉글리 쿠만이 다른 쿠만족과 연합하여 몽골이 캅카스 산맥을 지나가지 못하도록 방해했던 일을 떠올렸다. 몽골군은 우랄 산맥_{카자흐스탄 북부에서 북극해까지 러시아를 남북으로 종단하는 산맥으로 아시아와 유럽의 경계를 이룬다} 부근에 있던 캉글리칸의 군대를 공격했다. 전광석화같이 벌어진 이 전투에서 칸은 전사했고 군사들은 학살당했으며 주민들은 두려움에 떨며 공물을 바쳐야 했다. 이번 복수를 마지막으로 몽골군은 동쪽으로 방향을 돌려 칭기즈칸 본대가 기다리고 있는 시르다리야 강 기슭으로 향했다. 지도 5.5는 수부타이와 제베의 기병대가 공세를 펼쳤던 전체 경로다.

수부타이와 제베는 그렇게 3년이라는 시간을 보냈다. 그런데 제베는 열병에 걸려 몽골의 수도로 돌아오지 못한 채 그만 세상을 떠나고 말았다. 수부타이는 러시아와 유럽의 모든 형세를 꾸준히 파악하고자 첩자들과 비밀 전령사들을 다수 남겨두었다. 이들을 통해 얻는 정보는 몽골 정보부에 전달되었고 정보부는 유럽 여러 나라의 정치적, 종교적 대립관계 등을 문서로 기록해두기 시작했다. 수부타이의 러시아 정찰은 3년여 동안 거의 1만 킬로미터를 이동한 역사상 가장 긴 기병 원정이 되었다. 이 원정에서 수부타이와 제베는 수적으로 우세한 적을 만나 전투를 벌이고 10여 차례 승리를 거두었다. 하지만 무엇보다도 중요한 것은 정찰에서 얻은 정보를 통해 초원으로 이뤄진 광대한 회랑지대가 몽골에서 헝가리까지 뻗어 있다는 사실을 알게 된 점과 그 회랑지대를 따라 몽골군이 세계 어느 군대보다 더 빠르게 이동할 수 있었다는 점일 것이다. 위대한 수부타이 기병대의 임무는 원래 정찰이었기에 정복을 시도하기에는 병력이 턱없이 부족했다. 그래서 몽골군은 다음 정복지를 서방으로 정하고 전 병력을 투입하기로 했다.

1227년, 칭기즈칸이 세상을 떠났다. 그리하여 1229년에 카라코룸에서 열린 쿠릴타이 회의에서 오고타이가 후계자로 최종 승인되었다. 1234년에는 페르시아에서 몽골의 지배력이 강화되었고 중국 북부에 위치한 금나라가 공식적으로 병합되었다. 같은 해에 열린 쿠릴타이 회의에서는 4개 군사작전을 동시에 수행하기로 결정했다. 이 무렵 몽골은 한창 중국 남부의 송나라를 정벌하는 일을 준비하고 있었다. 그 전쟁으로 어림잡아 수천만 명의 중국인이 희생당하는 실로 끔찍한 결과가 발생했다. 1231년 고려를 점령한 뒤에는 반도에서 일어나는 대규모

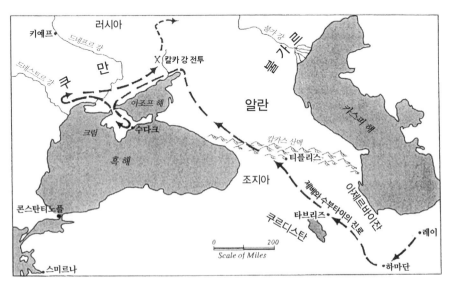

지도 5.5 수부타이의 기병대 공세 경로

반란을 제압해야 했다. 세 번째 군사는 페르시아에서 전쟁을 일으켜 캅카스 산맥과 흑해 주변 지역을 위협하면서 중동 지배라는 최종 목표의 서막을 열었다. 네 번째 군사는 러시아 및 중부 유럽 침공에 배치되었다.

　대칸은 정보 무관들이 도출한 예상 결과를 바탕으로 15만 명의 군사를 모았다. 우랄산맥에서 대서양에 걸친 유럽 정복 계획을 완전히 성공시키기까지는 대략 16~18년이 걸릴 거라는 결론을 내렸다. 오고타이는 이 대군을 이끌 수장으로 칭기즈칸의 손자인 바투를 임명했다. 바투는 믿음직하고 모험심 강하기로 이름난 인물이기는 했으나 경험이 많이 부족해서 대군을 이끌고 이렇게 복잡한 대규모 작전을 수행하기에는 무리였다. 오고타이는 바투의 지휘를 도울 참모장이자 야전 지휘관으로 용장 수부타이를 함께 보냈다. 오고타이는 아버지의 오랜 친구이자 유일하게 남아 있는 칸의 오를로크인 데다 몽골에서 가장 유능하고 노련한 장수에게 서방 정복의 임무를 맡긴 것이다.

6

서양 공격

몽골이 침략을 앞둔(1236) 러시아는 거대한 숲과 습지 그리고 평원으로 이루어진 나라로 동쪽 외곽에 쿠만, 불가르, 하자르 등 반야만 이교도 부족들이 다수 살고 있었다. 러시아는 여러 개의 작고 약한 공국들로 나뉘어 있어 그 특성상 국가적인 위력이 없었다. 봉건주의가 지배적이었던 까닭에 서양이라고는 하나 딱히 더 많이 계몽된 사회는 아니었다. 나라 안팎은 봉건 영주들 간의 전쟁과 외세의 침략으로 소란이 끊이지 않았다. 1054년에서 1224년까지 러시아는 공국 간의 내전을 83차례나 겪었고 동서양으로부터는 무려 46차례 넘게 침략을 받았다.[1]

몽골의 러시아 정복 전략의 핵심은 각 공국을 빠르게 공격해 고립시킴으로써 군사작전을 저지할 만한 연합 군대를 만들지 못하게 하는 것이었다. 러시아는 전진 축으로 활용할 만한 유용한 도로가 거의 없는 나라였다. 거리도 엄청난 데다 모진 기후에 석재도 부족해 자갈을 간 도로가 철도와 비슷한 시기에 생겨났을 정도였다.[2] 여름에는 보통 커다란 구덩이가 패여 그나마 변변찮은 길마저 막혀버렸고, 봄가을에는 악명 높은 '진흙 바다'(라스푸티차) 때문에 적어도 각각 한 달 동안은 이동이 불가능했다.[3] 이런 이유와 함께 유럽 봉건 군사들은 겨울 전투에 대비하거나 겨울 장비를 갖추지 않은 터라 몽골은 겨울에 공격을 개시했다. 강과 하천 그리고 습지가 얼어붙어 몽골 말들이 움직이는 데 지장을 주지 않고 사실상 더 빠르게 움직일 수 있기 때문이었다.

러시아와의 전쟁

볼가 강과 카마 강의 합류점에 위치한 불가르 왕국을 파멸시키고 볼가 강 동쪽의 유목 부족들을 제압하는 것을 목표로 한 군사작전이 1236년에서 1237년에 걸쳐 진행되었다. 이 기간 동안의 몽골 작전 전역은 앞의 지도 5.1에 잘 나타나 있다. 수부타이는 카마 강과 카스피 해 사이에 군사를 보내 마을을 파괴하고 주민들을 학살했을 뿐 아니라 많은 사람을 포로로 잡아 볼가 강 동쪽에 사는 모든 사람을 복종시켰다. 한 자료에 따르면 수도를 공격했을 때 5만 명이 사망했다고 한다.[4] 남쪽으로는 쿠만족을 공격했는데 그들 중 다수는 포로가 되거나 볼가 강 너머로 달아났다. 헝가리로 피신한 쿠만족 가운데 다수는 기독교로 개종했다.[5] 수부타이가 공격을 한 데에는 두 가지 이유가 있었다. 첫째는 몽골의 연락망을 공격할 수도 있는 왼쪽 측면의 잠재적인 적을 소탕하기 위해서였다. 둘째는 불가르와 쿠만이 오래전부터 말을 타고 싸워오던 기마유목민이었다는 점이다. 이 부족의 전사들은 몽골군을 보고 깊은 인상을 받았다. 1237년 여름과 가을에는 패전한 이 국경 부족의 청년들이 몽골군의 방식으로 훈련을 받은 뒤, 몽골 무관들의 철저한 감시와 지휘 아래 몽골 진형에 투입되기도 했다. 이들 분견대로 인해 몽골의 군사 규모는 거의 20만 명으로 늘어났다. 1237년 12월 한겨울에 수부타이는 몽골군을 이끌고 얼어붙은 볼가 강을 건너 러시아로 진군했다.

서유럽으로 갈 수 있는 가장 손쉬운 방법은 볼가 강과 카르파티아 산맥동부 유럽에 솟아 있는 습곡 산맥 사이의 초원지대를 통해 서쪽으로 직진하는 것이다. 그러나 이 경로를 따라 이동하면 남부 지방 대공들이 흔적 없이 북쪽 황야로 퇴각해 북부 지방의 러시아 대공들과 연합전선을 구축할 가능성이 있었다. 그렇게 러시아군이 북쪽에서 증원군을 얻으면 몽골군이 평원을 따라 길게 늘어섰을 때 몽골군의 측면과 후방을 상당한 병력으로 공격해올 수도 있었다. 수부타이는 약한 오른쪽 측면을 확보하고 공격을 막아내기 위해 몽골군을 서북쪽 삼림지역으로 이끌고 북쪽 공국들로 직행해 북부 지방 대공들의 힘을 무너뜨림으로써 전쟁을 시작하기로 했다. 보고를 통해 정보를 입수해둔 수부타이는 빠르게 작전을 전개하면 러시아가 공동 전선을 펼치지 못할 거라는 점을 염두에 두고 작전을 준비했다.

공동의 적에 맞서서 북부 공국의 러시아군이 보여준 단결력은 칼카 강 전투에서 남부 공국들이 보여준 것에 훨씬 못 미쳐서 몽골군은 그들을 한 번에 하나씩 물리칠 수 있었다. 몽골군은 먼저 랴잔러시아 랴잔 주의 주도을 급습했다. 이곳은 러시아의 여느 요새지들처럼 대부분 나무 울타리로만 방비되어 있어 닷새 만의 포격으로 초토화되었다. 성탄

절 사흘 전에 몽골 기수들이 난입하자 도시는 온통 도살장이 되고 말았다. 남자들은 눈 덮인 골목길을 붉게 물들이고 말뚝에 박힌 채 비극적인 운명을 맞았다. 성당과 수도원에 각각 틀어박혀 있던 사제와 수도사들 그리고 그들과 함께 피난처를 찾던 여자들은 마치 양떼처럼 몰살되었다. 랴잔 학살의 현장은 무척 참혹해서 어느 연대기 작가의 기록에는 "사람들은 차마 죽음을 눈뜨고 보지 못하고 눈물만 흘렸다"[6]고 되어 있다. 다른 연대기 작가는 "어떤 사람들은 창에 찔리기도 하고 손가락 끝을 못이나 나뭇조각으로 박히기도 했다. 사제들은 산 채로 화형을 당했고 수녀와 처녀들은 성당 안에서 가족들이 지켜보는 가운데 능욕을 당했다"[7]고 기록하고 있었다. 도시 지도자들은 블라디미르러시아 모스크바 동쪽에 있는 도시의 유리 대공에게 전령을 보내 도움을 요청했지만 그는 아무런 조치도 취하지 않았다. 칼카 강 전투에서 얻은 교훈을 까맣게 잊고 있었던 것이다.

몽골군은 콜롬나러시아 모스크바 주에 있는 도시로 이동해 그곳을 랴잔처럼 쑥대밭으로 만들었다. 모스크바에서 80킬로미터밖에 떨어져 있지 않은 수즈달모스크바의 동북쪽에 위치한 블라디미르 주의 도시 공국의 대공이 마침내 대응에 나서서 시타 강에 군사들을 모았지만 때는 이미 늦었다. 수부타이는 재빨리 모스크바를 향해 움직였고 진군 중에 로스토프러시아 야로슬라블 주에 있는 도시와 야로슬라블을 폐허로 만들었다. 몽골군 대열은 얼어붙은 강을 따라 한 성채에서 다음 성채로 이동했다. 당시에 모스크바는 작은 도시였는데, 성채는 모스크바 강과 네글린나야 강이 합류하는 곳에 가파르게 솟아 있는 절벽 위에 자리하고 있었다. 그때까지 비록 대도시는 아니었지만 상당한 병력의 수비대가 있어 그 중요성이 결코 적지 않았다. 대공은 시타 강에서 군사를 모아 지원군을 보낼 때까지 모스크바가 잘 버텨주기를 바랐다. 노브고로드 연대기에서는 그것이 헛된 희망이었다고 말한다. 그리고 "모스크바 사람들은 아무것도 보지 않고 달아나기 바빴다"고 덧붙였다.[8] 이 연대기에서는 또 콜로멘카 강변모스크바 외과 콜롬나 시에 있는 강 어디에선가는 모스크바를 향하는 원군 대열로 추정되는 러시아군이 "비통하고 비참한 죽음"에 신음하고 있었다고 전한다. 놀란 대공은 부인과 가족을 블라디미르에 남겨두고 시타 강에 모인 군대를 향해 달렸다. 수부타이가 지휘하는 정보 무관들은 모스크바가 불길에 휩싸였으니 분명 대공이 출발했으리라 확신했을 것이고, 몽골군은 방향을 돌려 수백 킬로미터를 쉬지 않고 이동해 블라디미르를 습격했다. 몽골군은 파견대를 보내 대공을 따라다니며 그의 움직임을 보고하게 했다. 이제 병력이 커진 몽골군은 수즈달을 공격하기 위해 북쪽으로 40킬로미터를 이동했고 단 하루 만에 방어막을 뚫었다.

1238년 2월 7일에 블라디미르 공격이 개시되었다. 이틀 뒤 몽골군은 네 개의 관문을 동시에 공격해 방어막을 뚫었고 또다시 대학살이 시작되었다. 몽골군은 도시를 둘러싼 나무 울타리를 불태우고 대성당 안에 피신해 있던 대주교를 살해했다. 대공은 그제야 시타 강에 모여 있던 러시아군과 합류했다. 그러나 수부타이가 북쪽으로 진격하는 동안 러시아군은 수적 우세만 믿고 아무것도 하지 않은 채 몽골군의 공격을 기다릴 뿐이었다. 그런데 몽골군은 어디에도 보이지 않았다. 러시아군은 몽골군을 찾기 위해 2월 말에 정찰 병력 3000명을 보냈다.[9] 그러던 어느 날 러시아군은 자신들이 수부타이의 군사들에게 둘러싸였다는 사실을 깨닫고 공포에 사로잡혔다. 몽골군이 러시아군 막사 바깥쪽에 진을 치고 전투를 개시한 것이다. 때는 겨울이었고 전장에는 눈이 산처럼 쌓여 있었다. 봉건 영주들이 소집한 군대는 통나무와 흙으로 만든 요새에서 푹푹 빠지는 눈밭을 지나 행군해나갔지만 멀리서 날아오는 몽골군의 화살 세례에 쓰러져갈 뿐이었다. 결국 러시아군은 눈 위에서 피를 흘리며 죽어갔고 최정예 전사들은 끝까지 몸을 던져 싸웠다. 대공은 죽은 뒤에 참수되었다.

러시아군을 괴멸시킨 수부타이는 바투와 합류하기 위해 신속하게 북쪽으로 이동하면서 도중에 로스토프와 유리예프, 야로슬라블에 남아 있는 것들을 모두 불태웠다. 바투는 수부타이의 지시로 먼저 군사의 절반을 이끌고 러시아에서 가장 부유한 도시였던 노브고로드로 향하는 중이었다. 행군하는 길에 바투는 드미트로프와 트베리를 파괴했다. 1238년 3월 러시아 북부의 대다수 지역은 잿더미로 변해버렸다. 두 달도 채 안 되는 동안 러시아 성채 도시의 열두 곳이 파괴되었고 이제 몽골 전위부대는 노브고로드와 불과 160킬로미터밖에 떨어져 있지 않았다.[10] 바투의 종대는 먼저 토르조크러시아 트베리 주 중부에 위치한 도시로 가서 공격을 실시했다. 도시는 2주 이상 격렬하게 저항했다. 바투가 노브고로드로 계속 행군할 준비를 마쳤을 무렵, 봄이 찾아와 해빙이 시작되면서 눈이 녹아 강물이 불어나고 노브고로드 변두리 전체가 늪지대로 변했다. 봄철 홍수를 만날지도 모른다는 생각에 걱정이 된 수부타이는 군대에 퇴각 명령을 내렸다.[11] 몽골군은 이제 노브고로드 도심과 100킬로미터 이내의 거리에 있었다. 노브고로드를 지키던 수비군은 몽골군의 측면에 이렇다 할 위협을 가하지 못했고 러시아 북부 공국들은 무력화되었다. 수부타이는 군대를 남쪽으로 돌려 돈 강 유역의 초원과 우크라이나 서부로 향했다. 몽골군의 피해도 상당했기에 수부타이는 포로로 잡은 쿠만족과 그 밖의 초원 사람들로 군사를 보충했다. 그리고 연말까지는 앞으로 펼쳐나갈 유럽 전쟁에 대비해 휴식을 취하고 체력을 보충하기로 했다.

1240년 늦가을 몽골군의 진격이 다시 시작되었고 이번에는 러시아 남부 공국을 쳐들어갔다. 첫 번째 공격 대상은 체르니고프우크라이나 북부의 데스나 강가에 있는 도시였고 그다음은 페레야슬라프우크라이나 키예프 주에 있는 도시였는데 두 곳 모두 몽골군에게 멸망당했다. 러시아의 저항은 국지적일 뿐 전 국가적으로 방어하려는 노력이 없었다. 농민군과 소규모 봉건 귀족 기사들이 이끄는 도시 민병대는 전쟁터에 나가도 몽골의 우수한 병기에 희생되기 일쑤였다. 11월이 되자 몽골군 선봉은 키예프 변두리까지 왔다. 그달에 수부타이는 얼어붙은 드네프르 강 너머로 본대를 보내 그들이 키예프의 관문 바깥쪽에 다다르면 12월 초에 공격을 개시할 준비를 했다. 키예프는 정교회 신앙의 중심지이자, 서양 종교를 상징하는 대도시들 중 하나여서 성당과 수도원이 많았고 나무 울타리 대신 돌벽으로 둘러쳐진 몇 안 되는 러시아 도시들 가운데 하나이기도 했다. 몽골군 포병대는 나무로 만든 방어벽의 한 부분인 폴란드 문Polish Gate을 포격하는 데 초점을 맞췄다. 격렬한 포화로 그 문이 무너지자 몽골 중기병대가 도시 안으로 돌진했다. 이에 러시아군은 용감하게 방어에 나섰고 몽골군의 침투는 중단되었다. 이튿날 이들의 공격은 재개되었고, 키예프는 1240년 12월 6일 치열한 백병전 끝에 함락되고 말았다. 도시는 불태워지고 많은 사람이 학살되었다. 파멸의 정도가 어찌나 심했던지 6년 뒤에 그 폐허를 지나던 어떤 여행객은 몇백 채 남지 않은 막사들이 아직도 '셀 수 없이 많은 해골과 뼈들로 가득하다고 묘사했다.[12]

키예프를 함락시킨 뒤 몽골군은 이름뿐인 적들을 향해 진격을 계속했다. 수부타이의 군대는 3주 만에 러시아 서쪽 국경에 당도했다. 볼리니아와 갈리치아가 공격을 받은 뒤에 초토화되었다. 크레메네츠 도시들과 볼리니아 도시인 블라디미르, 체르벤, 프세미실, 갈리치도 공격을 받아 점령되고 약탈당했다. 그 바람에 많은 소도시가 러시아 지도에서 영원히 사라져버렸다. 러시아 귀족 지도층은 신하들을 버리고 이미 폴란드와 헝가리로 달아났다.[13] 저항하는 러시아 군사들을 완전히 뭉개버린 뒤 수부타이는 서유럽으로 눈을 돌렸다. 그는 프세미실 인근에 지휘관들을 모아 유럽 정복이라는 대담한 계획에 대해 간략하게 이야기했다.

헝가리와의 전쟁

이 시기에 서유럽은 몽골의 위협을 어렴풋이 알고 있는 정도였다. 러시아 초원지대의 유목민족 중 수가 가장 많은 쿠만족은 몽골군의 진군에 앞서 헝가리로 달아났다. 그들은 헝가리 왕 벨라 4세에게 복종하고 기독교로 개종하는 대가로 몽골군으로부터 자신들을 지켜달라는 제안을 했다. 이교도 20만 명이 기독교로 개종하면 로마 가톨릭교에 득이 되고 쿠만 기병대 수천 명을 자신의 군대에 보태면 군사력을 끌어올릴 수 있을 것이라고 여긴 벨라 4세는 제안을 수락했다. 쿠만족이 몽골의 군사력과 대학살에 관한 이야기를 꺼내자 서유럽은 몽골에 대한 두려움을 더욱 실감하게 되었다.

수부타이의 군대는 키예프에서 강을 건넌 뒤 쉬고 있었다. 본대에서는 3만 명을 파견해 정복한 지역을 관리하고 몽골군 연락망을 보호하게 했다. 1240년 12월 수부타이는 다음 단계의 유럽 작전을 개시했다. 서유럽은 쿠만족에게 그만큼 경고를 듣고도 몽골의 위협을 막아낼 합동 군사작전을 실행할 수가 없었다. 신성로마 제국의 황제인 프리드리히 2세와 교황 그레고리우스 9세가 패권을 둘러싼 세속적인 전쟁에 몰두하느라 군사를 다른 곳에 할애할 수가 없었기 때문이다. 리투아니아, 스웨덴, 폴란드 공국은 특권을 지키는 데 급급한 작은 정치군사적 단위들이어서 군사적인 협력이 불가능했다. 몽골이 러시아를 휩쓴 뒤 헝가리 공격을 준비하는 동안 리투아니아군과 튜턴 기사단(독일 기사단)이 러시아의 비극적인 상황을 틈타 러시아 도시들을 공격하고 있었다는 사실로 보아 서로 간의 의심과 분열이 결코 무시할 정도는 아니었다. 유럽은 일치단결된 정치적 또는 군사적 행동을 취할 수 없었던 것이다. 몽골 정보부는 이러한 유럽의 정치적 약점을 정확하게 진단했다.[14]

수부타이는 12만 명의 군사로 헝가리 침공 및 정복에 나섰다. 지도 6.1은 수부타이의 군대가 헝가리로 진군할 때 활용했던 다양한 기동술과 진로를 나타내고 있다. 몽골군은 1241년 1월 초에 비스툴라 비슬라 강. 바이크셀 강이라고도 하며 폴란드에 있다 강 너머에 있는 할리츠에 집결했다. 목표는 헝가리의 수도이자 쌍둥이 도시인 부다와 페스트였다. 몽골군이 목표를 향해 나아가는 동안 수부타이는 수도에 도착하기 전에 먼저 벨라 4세의 군대를 마주치게 될 것이라고 예상했다. 그렇게 벨라 4세의 군대가 먼저 나와 있다면 수부타이는 몽골과 중부 유럽 사이에 있는 주요 병력 중 마지막 병력을 격파할 기회를 얻게 되는 셈이었다. 그는 병력을 넷으로 나누어 한겨울에 눈 덮인 카르파티아 산맥을 지나 각기 다른 장소로 이동하게 했다. 바이다르는 북쪽 맨 끝으로 침투했고 바투는 갈리치아를 통과했다. 귀위크의 대열은 남쪽의 몰다비아카르파티아 동부와 드네프스르 강 사이의 영토와 관련된 이전 동유럽의 공

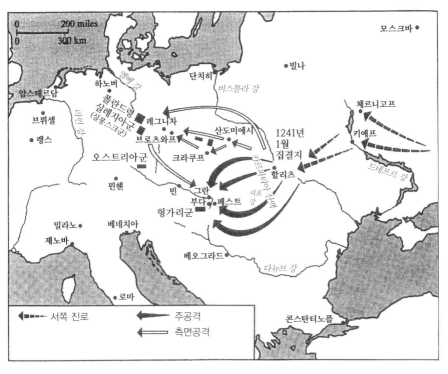

지도 6.1 1240~1242년, 수부타이의 유럽 전투활동

국이며 역사 지리적 지역와 트란실바니아루마니아 서북부 지방을 총칭하는 역사적 지명를 휩쓸고 지나갔으며, 수부타이는 메헤딘치 길을 따라 가장 먼 남쪽을 누비다가 부다와 페스트로 진입했다. 계획대로라면 몽골군은 헝가리 수도 외곽에서 갑자기 나타나 벨라 4세와 싸울 준비를 해야 했다.

주목표는 헝가리였다. 그러나 카르파티아 산맥을 지나 푸른 초원으로 이동하던 몽골군 대열은 폴란드 평원에 주둔 중이던 군대를 만나 중대한 위기를 맞게 된다. 폴란드와 독일인으로 구성된 유럽 군대는 온전한 상태였기에 몽골군 우측 측면에 큰 위협이 되었다. 수부타이는 북방 세력의 기습으로 헝가리 정벌 작전에 차질이 생기지 않도록 오고타이칸의 손자인 카이두가 지휘하는 군대에 군사 3만 명을 파견했다. 이들의 임무는 헝가리 공격에 방해가 되는 폴란드와 보헤미아, 실레지아 지역의 유럽 군대를 물리치는 것이었다. 1241년 3월 카이두의 군대가 다른 대열들보다 조금 앞서서 폴란드 국경으로 진군했다.

카이두의 군대는 산도미에시폴란드 타르노브제크 주 중부의 도시에 진지를 치고 있던 크라쿠프 공국의 폴란드 왕 볼레스와프 5세(프스티들리비)의 군사들을 직접 타격했다. 볼레스와프 5세는 몽골군 대열이 접근하자 가족과 재산을 챙겨 모라비아로 물러났다. 군 지휘권은 크라쿠프의 팔라틴 백작독일이나 영국에서 자기 영토 내에서 왕권의 일부 행사가 허가된 영주인 블라디미르에게 맡겼다. 한편 여러 가신과 대공이 각자의 분견대와 함께 달아나는 바람에 남아 있는 군사들도 차츰 사라져갔다. 경비대만 데리고 있던 블라디미르는 크라쿠프에서 약 50킬로미터 전방에 위치한 츠미엘니크에서 몽골군과 맞서다가 무너지고 말았다. 몽골군은 종려주일기독교에서 부활절 직전의 일요일인 3월 24일에 크라쿠프에 입성했는데, 주민들이 이미 숲속으로 피신한 뒤라 도시는 텅 비어 있었다. 몽골군은 곧 도시에 불을 질렀다.

몽골군은 라치부시 부근에서 오데르폴란드 남부, 실롱스키에 주 서남부에 있는 공업도시 강을 건넜고 카이두는 군사들을 두 종대로 나누었다. 두 만호가 브로츠와프를 향하는 동안 나머지 만호는 폴란드를 돌파한 뒤에 리투아니아, 동프로이센을 지나고 포메라니아의 발트 해안을 따라 서쪽으로 원을 그리듯 이동했다. 이 몽골 별동대는 행군 중에 뭐든 닥치는 대로 죽이고 불태우며 약탈을 일삼았다. 서유럽으로 가던 피난민들은 몽골군 군사들이 20만 명이 넘는다는 등 무시무시한 이야기를 퍼뜨렸다. 그 사이 브로츠와프에 도착한 카이두의 군대는 돌로 된 성벽을 뚫기가 어려워지자, 브로츠와프는 지나치고 실레지아를 덮쳤다. 한편 몽골군의 침략에 맞선 정찰부대가 처음으로 조직적인 저항의 신호를 포착하면서 카이두는 그 적군을 찾아 괴멸시킬 준비를 했다.

레그니차 전투

실레지아 공작인 헨리크 2세(포보주니)는 기독교로 뭉친 유럽을 몽골 군단으로부터 지키기 위해 군사를 모았다. 같은 시기에 보헤미아 왕 벤체슬라스는 헨리크의 군대에 합류하기 위해 5만 명의 군사를 이끌고 북진했다. 카이두는 두 군대가 연대를 하지 못하도록 신속하게 레그니차로 이동해 벤체슬라스가 도착하기 전에 헨리크의 군대를 찾아 전투를 벌이기로 했다. 헨리크는 원군이 언제 도착할지 모르는 상태에서 자신의 군대를 평지로 이동시키지 않으면 도시 안에 갇혀 효과적인 작전을 펼칠 수 없을지도 모른다는 걱정에 사로잡혔다. 1241년 4월 9일경(정확한 전투 날짜에 대해서는 역사가들의 의견이 분분하다), 두 군대는 레그니차 남쪽으로 몇 킬로미터 떨어진 넓은 평원, 일명 '선택받은 곳'이라 불리는 디 발슈타트에서 만났다.

실레지아 공작은 자신의 군대를 네 개의 '전투단' 또는 전투 분견대로 나누었다. 하지만 이들은 대개 규모와 구성, 국적, 출신 지역 등이 고르지 않았다. '전투단'이 대열을 형성할 때 지휘권은 몽골군처럼 입증된 실력을 기준으로 주어지는 것이 아니라 출생 정보에 따라 주어졌다.[15] 몽골 지휘관의 경우 어느 진형에서든 군사들을 지휘할 수가 있었다. 반면 유럽군 지휘관은 전투가 한창일 때 지휘하는 군사들과 나란히 싸울 때가 많아 눈에 쉽게 띄고(그래서 의도적으로 전사할 수 있었다) 전투 규모가 확장되어도 대응할 수가 없었다. 첫 번째 분견대는 폴란드와 실레지아 기사들 가운데서 선별한 헨리크의 정예군과 용병으로 구성되었다. 명성이 높았던 튜턴 기사단이 두 번째 '전투단'으로, 이들의 사령탑은 포포 폰 오스테르나 기사단장이었다. 유럽 내 엘리트 군대인 튜턴 기사단은 앞쪽에 검은 십자가로 장식된 쇠사슬 갑옷을 입고 흰 망토를 둘렀으며 얼굴 전체가 가려지는 투구를 썼다. 세 번째 분견대는 계급이 더 낮은 폴란드 귀족들로 이루어진 폴란드 기사단이었고, 보병대로 추정되는 네 번째 '전투단'은 연대기에서 '금 캐는 실레지아 농민군'으로 묘사하고 있다. 광활한 평원 너머 유럽군과 마주한 것은 2만의 군사를 보유한 카이두칸이었다.

특정 작전을 펼치기에 적절한 시기 등 전투에 대한 자세한 내용을 모두 정확히 알 수는 없기 때문에 여기서는 사건들의 전반적인 그림만 재구성할 수 있다(지도 6.2). 전투 초기, 볼레스와프가 지휘하는 폴란드 기사단으로 추정되는 헨리크의 기병 여단 중 하나가 몽골의 중군을 공격해 여느 때처럼 기마 백병전을 시작했다. (1) 몽골 경기병대는 재빨리 여단을 포위해 엄청난 기세로 화살 공격을 퍼부었다. 볼레스와프의 기사단은 오래 버티지 못했다. 그는 다른 분견대가 도우러 오지 않는다는 사실을 깨닫고 기사들에게 몽골의 포위망을 뚫고 후퇴하라는 명령을 내렸다. (2) 이때 헨리크는 기병대 본대를 보내 몽골의 중군을 공격하게 했다. 두 번째와 세 번째 여단이 참여한 이 2차 돌격은 술리스와프와 오폴레의 메슈코가 지휘했다. 격렬한 혼전이 계속되면서 몽골 기병대는 뒤로 밀려나다 끝내 황급히 퇴각하기에 이르렀다. (3) 몽골의 중군이 후퇴했다고 생각한 헨리크와 그의 분견대를 비롯한 나머지 실레지아 기병 부대들은 창과 장검으로 적을 한시바삐 처단하고 싶어 추격에 나섰다가 몽골군이 쳐놓은 덫에 걸려들고 말았다. 이 덫은 몽골이 오래전부터 활용해온 거짓 후퇴 전술로, 적의 기병대와 보병대를 서로 떼어놓은 다음 그들을 추격하는 동안 촘촘한 적의 진형을 느슨하게 하는 전술이었다. 전선이 길어 혼란에 빠진 실레지아군은 양익에서 갑자기 더 많은 수의 몽골 경기병대로부터 또다시 공격을 받게 된다. 이 경기병대는 매복하여 기사단을 기다리고 있다가 일제히 화살을 쏘아 적군 사냥에 나선 것이었다. 그런데 갑자기 덫에 걸린 헨리크의 기병대 뒤에서 몽골군이 화로를 던져 전장에 시커먼 연기가 자욱해졌다. 이 때문에 함정에 빠진 기병대는 더더욱 혼란에 빠져들었고 보병대와는 점점 더 멀어졌다. 그 뒤 몽골 중기병대가 기사단 주위를 둘러싸고 가까운 거리에서 공격을 시작하자 경기병대는 연기 사이를 왔다 갔다 하며 헨리크의 보병대에 화살 세례를 퍼부었다. (4) 몽골군의 화살이 기사들의 갑옷을 뚫지 못할 때는 아래쪽에서 말을 쏘았다. 말에서 떨어진 기사들은 몽골 중기병들에게는 손쉬운 사냥감이어서 별다른 위험 없이 창이나 군도로 쓰러뜨릴 수 있었다. 결연한 의지로 저항하던 템플 기사 단원들은 그렇게 말에서 떨어진 뒤 힘없이 전

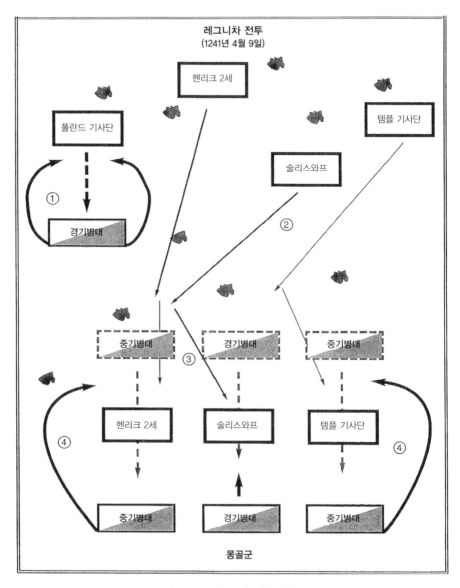

지도 6.2 1241년, 레그니차 전투

멀하고 말았다.[16]

지독한 살육전이 이어지면서 튜턴 기사단의 기사단장을 포함해 거의 모든 군대가 전멸되었고 헨리크는 참수되었다. 머리가 없는 그의 알몸 시신이 전쟁터에서 발견되었다. 그의 부인은 시신의 왼쪽 발가락이 여섯 개인 것을 보고 바로 헨리크임을 알아보았다. 몽골군은 적군의 시체마다 오른쪽 귀를 모조리 잘라내서 그 수를 세었다. 9개의 커다란 귀 자루가 몽골군의 전차로 전장에서 실려나갔다. 템플 기사단의 기사단장은 프랑스 국왕 루이 9세에게 서신을 보내 전투에서 그의 동료들이 학살되었음을 알렸다. 그는 몽골군과 프랑스 사이에 강력한 군대가 하나도 없다는 사실도 언급했다. 이것은 결코 과장이 아니었다. 전 유럽 국가가 서유럽의 심장부를 노리는 몽골의 공격에 속수무책이었던 것이다. 그런데 유럽군에 대참사를 안겨준 레그니차 전투는 이미 카르파티아 산맥을 지나 눈 속에서 하루에 65킬로미터를 이동하며 헝가리로 행군하는 몽골군 본대의 측면을 적이 선제공격하도록 교묘히 유도한 수부타이의 계획 중 일부에 지나지 않았다. 임무를 완수한 카이두는 발트 해안으로 보냈던 종대를 소환해 남쪽의 수부타이 군대와 합류한 뒤, 셔요 강변에 포진한 헝가리군을 격파할 만반의 준비를 했다.

몽골군을 거의 1000년 만에 세계에 등장한 가장 조직적이고 효율적으로 전술을 펼친 군대로 꼽는다면 그들이 유럽에서 맞붙은 러시아, 폴란드, 독일, 헝가리 군대들은 사실상 '악마의 기수들'의 적수가 되지 못했다고 볼 수 있다. 몽골의 적인 서양은 모두 봉건사회였으며, 봉건 영주와 봉신들이 군주에게 군사를 제공하고 땅을 하사받는 봉건 체제 안에서 군대는 전쟁이 집과 가까운 곳에서 벌어지고 또 오래 지속되지 않는 한 원활하게 운영되었다. 병참 체계를 제대로 갖춘 봉건 군대가 없어 야전에서 식량을 공급하고 전력을 유지하기는 매우 어려웠다. 이러한 봉건 군대의 주 무기는 비록 중기병이었지만 몽골 기병대의 기동성과 유연성에 비하면 유럽 기병대는 군사적 역량이 많이 뒤떨어져 있었다. 기사의 갑옷은 몇 세기에 걸쳐서 더욱 무거워져 장으로 무장한 기마 기사는 기병대 돌격만이 실질적인 전술이었다. 그러나 기사와 갑옷, 말의 무게 때문에 부대를 배치하는 데 유연성이 떨어졌고 기사는 단순하게 한 방향으로만 직진하며 공격할 수밖에 없었다. 다시 말하면 유럽의 중기병은 몽골 중기병의 적수가 되지 못했던 것이다.

봉건 군대의 최대 약점은 분견대들이 봉건 영주와 봉신들이 개별적으로 편성한 군대였다는 것이다. 그런 군대에서 기사들이 받는 훈련은 각개전투밖에 없었다. 그들은 다른 부대들과 협력하여 전투를 해본 경험이 없었다. 게다가 기사 개개인의 전투 기술을 강조하다보니 병사들을 이끌고 전투를 치르는 데 필요한 능력은 길러지지 않았다. 비록 사회적 지위와 군사적 지위는 구분되어 있었지만 봉건 군대에는 부대 지휘관들이 작전 전반을 순순히 따르도록 만들어줄 공식적인 지휘계통이 없었다. 이는 처음부터 밑그림을 그리는 누군가가 있을 거라는 막연한 믿음 때문이었다. 물론 봉건 군대끼리 싸울 때는 이 뚜렷한 약점들이 반드시 치명적인 결과로 이어지는 것은 아니었다. 그러나 정교하고 치명적인 몽골 군대와 맞붙었을 때 봉건 유럽의 군대는 한심할 정도로 수준이 떨어졌다.

아드리아노플 전투 때부터 11세기까지 유럽 기사의 갑옷은 방어에 치중해 점점 더 커지고 무거워지다가 십자군 전쟁이 일어났을 무렵에는 기사의 움직임을 상당히 둔화시키고 빠른 공격도 어렵게 만들었다. 그리고 십자군 전쟁을 치르는 동안 낡고 무거웠던 갑옷은 외투나 튜닉으로 만든 쇠사슬 갑옷으로 서서히 대체되었다. 쇠사슬 갑옷은 로마 시대부터 서유럽에 알려졌지만 중세 암흑기를 지나면서 유럽에서는 서서히 자취를 감췄다. 하지만 중동에서는 여전히 인기가 있었으며 서양 군대는 십자군 전쟁을 계기로 그러한 갑옷을 다시 사용하기 시작했다. 결국 쇠사슬 갑옷은 서양 군사들 사이에 급속도로 퍼져나가 11세기부터 14세기까지 거의 표준 갑옷이 되었다가 14세기 이후에는 판금板金 갑옷으로 서서히 교체되었다. 쇠사슬 갑옷은 탄성을 높이기 위해 순무 즙으로 담금질을 한 금속 고리로 만들었다. 그물 모양의 이 갑옷은 가죽이나 천으로 된 튜닉 전체에 쇠사슬을 박은 것이기 때문에 옷을 입은 사람의 상반신은 물론이고 소매까지 보호해주었다. 1250년에는 손을 보호하는 쇠사슬 장갑이 추가되었고 심지어 다리를 보호하는 쇠사슬 바지까지 도입되었다. 짧고 소매가 없어 좀더 저렴한 오베르종haubergeons이라는 쇠사슬 셔츠도 등장했는데 이것은 보병들이 즐겨 입었다. 또한 보병들 (그리고 가난한 기사들) 사이에서는 흔히 솜을 두툼하게 넣고 누벼놓은 갬브슨gambeson을 사용하기도 했는데이 옷은 칼에 베여도 상처가 나지 않았다. 십자군 전쟁이 한창일 때는 쇠사슬 갑옷 위에 갬브슨을 입는 것이 일반화되었다. 사라센 역사가들은 화살이 갬브슨에 박히면 대개 밑에 있는 쇠사슬을 관통하지 못해 마치 두툼한 솜을 넣은 바늘방석 같은 인상을 준다고 기록했다. 십자군 기사단이 중동에 이르렀을 때는 쇠사슬 갑옷이 햇볕에 뜨거워지는 것을 막기 위해 사라센 사람들처럼 갑옷 위에 헐렁한 가운을 입었다.

이 시기의 일반적인 투구는 원뿔형의 철모로 코 부분에 쇳조각을 달아 얼굴을 보호했다. 이 투구는 점점 더 진화하여 코와 턱 부분을 가렸다가 나중에는 얼굴 전체를 덮고 눈 부분에 가느다란 틈새가 있으며 정수리 부분이 납작한 원통형 투구로 발전했다. 같은 시기에 탈착형 면판이나 챙이 있어 전투 중이 아닐 때는 호흡을 더 편하게 할 수 있도록 만든 뾰족한 배서닛bassinet 투구가 사용되기 시작했다. 투구 안에는 목과 어깨가 덮이는 두건이나 쇠사슬 후드를 써서 보호 효과를 높였다. 갑옷 한 벌을 완전히 갖추면 무게가 70킬로그램 정도였지만, 이 무게는 몸 전체에 걸쳐 비교적 고르게 실렸다. 잘 구부러지는 이 쇠사슬 갑옷의 특성상 몸을 움직일 때 받는 제약이 적었던 까닭에 기사들은 근접 전투에서 효과적으로 무기를 사용할 수 있었다. 프랑스의 중세 갑옷 전문가인 로베르 장 샤를은 쇠사슬 갑옷을 입은 기사는 사실상 '상당한 무게의 무기와 야전 보급품을 말에 함께 싣고 다녀야 했던 나폴레옹 시대 기병보다' 무겁지 않았다고 주장한다.[17]

기사가 탔던 말에 쓰인 장비들은 훨씬 더 극적인 변화를 겪었다. 적어도 판금 갑옷이 일반화된 14세기 전까지는 기사가 입던 갑옷이 보통 말이 이동하는 데 큰 문제가 될 정도로 무겁지는 않았다. 기사의 갑옷이 훨씬 더 무거워서 좀더 튼튼한 말이 필요했던 독일을 제외하고 기사의 전투마는 평균보다 약간 더 큰 정도에 지나지 않았다. 유용한 쇠사슬 갑옷 때문에 기마전에서 검이 쓸모없어지자, 12세기 말에 기마 기사는 주 무기를 창으로 바꾸었다. 이 새로운 전투 방식의 도입으로 안장의 앞뒤 높이가 더 높아져 기수를 보호하는 효과가 더 커졌다. 높고 굴곡진 안장은 또한 병사의 배와 엉덩이도 보호해주었다. 공격을 할 때 기사는 등자에 발을 걸고 안장 앞쪽으로 몸을 기대어 자신의 체중과 달리는 말의 체중을 창의 추진력으로 삼았다. 한 시간에 20~25킬로미터를 이동하는 말과 기사의 무게를 합치면 800여 킬로그램이 되는데, 타격 시에는 90톤 이상의 운동에너지를 낼 수 있었다.

십자군이 중동에서 기병대와 힘을 합쳐 작전을 펼치는 궁기병과 훈련된 보병을 만난 뒤 유럽의 전술교범에는 변화가 생겼다. 기사가 타는 말이 화살 공격에 더 취약해짐에 따라 말을 보호할 방법을 찾아야 했던 것이다. 원래 헝겊 패드로 시작해 200년 뒤에 장갑 철판을 거의 풀 세트로 장착하게 된 전투마는 이제 완벽한 장갑차로 거듭났다. 하지만 말에 갑옷을 입힌다고 해서 문제가 다 해결되는 것은 아니었다. 사라센 보병들이 창을 이용해 십자군 기사들을 말에서 떨어뜨렸기 때문이다. 또한 보병 무기의 종류가 더욱 새로워지고 쇠뇌쇠로 된 발사 장치가 달린 활로 여러 개의 화살을 연달아 쏠 수 있는 활, 미늘창도끼와 창을 결합시킨 모양의 무기, 언월도 그리고 다양하게 변화를 준 창 등이 활용되면서 기마 기사는 전보다 더 위험해졌다. 기마 기사들은 이러한 위협을 상쇄하기 위해 초반에 기마 돌격을 한 다음, 말에서 내려와 땅에서 싸우는 전술을 펼쳤다. 그러나 방향 전환이 빠르고 말 위에서 창을 잘 사용하는 몽골의 중창기병들을 상대로 이 방법을 써서 말에서 내리는 것은 오히려 위험한 행동이었다.

중세 전사들 사이에서 검은 거의 신비의 표상이었지만 11세기로 접어들면서 주요 전투 무기 서열에서 밀려난다. 쇠사슬 갑옷과 훗날의 판금 갑옷의 효과가 맞물려 검의 길이는 길어지고 끝 부분은 거의 바늘처럼 뾰족해졌다. 검이 그렇게 만들어진 이유는 검사가 날카로운 검 끝으로 상대의 겨드랑이를 찌르거나 검으로 뚫을 수 있을 만한 갑옷 부위들을 찌를 수 있도록 하기 위함이었다. 검의 살상력이 떨어지면서 갑옷 입은 기사를 공격해 쇠사슬 안의 뼈를 부러뜨릴 수 있도록 철퇴와 망치, 도끼 같은 타격무기가 더 많이 쓰이기 시작했다.

몽골군과 싸웠던 주요 유럽 군대는 모두 기본적으로 방금 설명한 것과 비슷한 방식으로 무장했다. 봉건시대 군대의 구조에는 사회 구조가 반영되었던 까닭에 모든 유럽 군대는 체계나 훈련 방법, 무장 방법이 서로 비슷했으며 장갑 기사들이 이 모든 군대의 전투력에 있어 핵심이었다. 하지만 그와 동시에 군대마다 상당수의 전투 인력을 모아 무장시키는 능력이나 장갑 기사 외에 역점을 두는 전투 병기에는 상당한 차이가 있었다. 대개 그렇듯이 이 요인들은 각 국가의 사회 체제가 얼마나 조직적인지를 잘 드러내고 있었다.

몽골의 침공이 있었던 1237년에 러시아군은 8, 9세기의 프랑크군과 매우 비슷해 대공 및 주요 귀족으로 이루어진 드루지나druzhina 키예프 러시아공公의 종사단從士團와 도시 민병대로 나뉘어 있었다. 기병 군단인 드루지나는 쇠사슬 갑옷을 입고 중창과 방패, 검으로 무장해 자신들의 영주를 따라 전투에 나섰다. 일종의 위원회인 이들은 돌격 여단 역할을 맡았고 러시아 대공들은 이들의 기동성과 승리를 이끄는 전술 기량에 크게 의지했다.[18] 두 번째 부대는 대규모 비상사태가 발생했을 때만 소집하는 민병대였다. 민병 부대의 확실한 파견대는 정해지지 않았다. 아마도 도시 안에서 무기와 말을 쓸 수 있는 신체 건강한 모든 남성이 여기에 소속되었을 것으로 추측된다. 러시아 대도시들 가운데는 민병을 1만5000명에서 2만 명까지 공급할 수 있는 곳도 있었다.[19] 큰 비상사태가 닥쳤을 때는 일명 스메르디(직역하면 '악취 나는 자들')라 불리는 농민들을 징집해 보병대를 만들었다.[20] 러시아군의 약점을 말하자면, 드루지나 중기병대는 인원수가 적고 보병은 무기가 시원찮은 데다 군사훈련도 받지 않았다는 점이었다. 러시아 보병대는 대체로 궁술을 무시하고 도끼, 작살, 일반 농기구 등을 무기로 썼다. 말을 타는 도시 민병대원이 결코 좋은 기마 전사일 리가 없었기 때문에 몽골 군의 적수는 되지 못했다. 러시아 기병 군단의 규모가 작다보니 주로 튀르크족이나 쿠만족 출신의 외인 기병대에 의존하게 되었다. 러시아 군의 병참을 담당하는 화물 대열은 워낙 구식이어서 군대가 농촌 지 방을 지나갈 때마다 그곳에서 신세를 져야 했다. 러시아군은 기동전에 관해 거의 알지 못했으며 대체로 막사를 둘러싼 목책 앞에서 벌어지 는 전투에 대비해 군대를 움직였다. 기병대가 전열의 중앙을 차지하고 있으면 보병대는 양익과 후위에서 예비대 역할을 했다. 보병대의 기본 역할은 기병대를 방어하는 것이었으며 기병대만이 공격에 가담할 수 있었다.

1240년에 몽골군을 만난 폴란드군은 거의 다 창기병으로 이루어 진 군대였다. 그 이유 중 하나는 러시아에서는 자유농의 수가 변함없 이 매우 많았던 데 반해 폴란드에서는 자유농이 거의 농노로 사라졌 기 때문이다. 폴란드에서는 토지 소유권이 다소 세분화되어 있어서 토 지귀족이 상대적으로 많았다. 그리고 토지를 약간만 소유해도 농민은 무기를 들 수 있었다. 폴란드인들은 이웃인 러시아인이나 마자르인몽골 족에 속하는 헝가리의 기간基幹 주민들과 달리 창을 다루는 민족이었다. 부 유한 귀족들은 쇠사슬 갑옷을 모두 갖춰 입고 준마를 탄 반면, 가난 한 지주들은 가죽 외투를 입고 좀더 작은 말을 타고 싸웠다. 궁기병과 보병은 존재하지 않았다. 뚜렷하게 구별이 되는 군사는 중기병과 경기 병이 유일했다.

두 나라의 군사적 특징 가운데 주목할 만한 사실은 러시아나 폴란 드 모두 돌벽을 쌓아 요새도시를 건설하지 않았으며 서양 군대의 축 성 기술이 두 나라에 뿌리를 두지도 않았다는 것이다. 고위 귀족들은 목책을 친 목조 저택에서 살았으며, 가장 중요한 도시인 키예프 등 예외적인 몇 곳을 빼면 두 나라 모두 나무로 지은 요새 말고는 튼튼한 요새를 둔 도시가 하나도 없었다. 몽골의 공성 전문가들과 포병들은 이 종잇장 같은 방책을 금방 무너뜨렸다. 한편 폴란드와 러시아에서는 도시를 방어하지 않는 관습이 있었다. 오히려 침략당한 사람들은 도시를 버리고 침략자들이 사라질 때까지 깊은 숲속에 숨는 것이 보통이었다.

독일군과 오데르 강체코와 폴란드에서는 오드라 강이라 하며 유럽 중부를 흐른다 너머에 있는 도시들의 군대는 몽골군에게 훨씬 더 어려운 상대였다. 아마 중세 유럽 어디에도 독일만큼 군사기술이 견고하고 노련하게 발전한 나라는 없었을 것이다. 독일 기사들은 갑옷도 더 많이 착용했고 훨씬 더 큰 말을 탔으며 전투 훈련도 더 많이 받았다. 금욕하며 검으로 기독교의 확장에 헌신한 전사이자 수도사인 튜턴 기사단을 탄생시킨 나라도 결국 독일이었다. 이들은 강인하고 규율에 바르며 잘 훈련되고 동기가 뚜렷한 전문적인 전사들이었다. 군대도 훌륭했지만 독일 도시들 또한 평소에 돌벽이나 해자, 탑 등을 쌓아 도시를 요새화했다. 지역 경찰군은 우수한 편이었으며 시민들은 영주나 성직자와의 신뢰가 두터워 사기가 높고 전투력이 좋았다. 몽골군에게도 독일 땅에서 독일 군대와 전쟁을 하는 것은 어려운 일이었다.

중부 유럽에서 전쟁을 벌이던 몽골군은 그 지역에서 이인자라고도 할 수 있는 헝가리군을 만나게 된다. 헝가리군은 호전적인 민족이었다. 그들은 약 200년 전 다뉴브(도나우) 강 유역에 정착하기 전까지 초원에 살던 기마 궁수들이었다. 그들은 몽골군이 주로 펼치는 기동전의 전술을 잘 활용하고 그것에 익숙했다. 헝가리 귀족사회는 봉건사회

질서가 반영된 서유럽의 전쟁 방식과 병기를 받아들였다. 따라서 헝가리군 전술의 핵심은 창으로 무장하고 기병 돌격 훈련을 하는 서유럽 방식의 장갑 기사라고 할 수 있었다. 농민군은 대부분 활과 군도를 들고 말 위에서 싸웠다. 헝가리군은 화력과 기동성, 지구력 등이 몽골에 비하면 다소 뒤떨어졌지만 전체 유럽 군대 중에서는 특히 탁 트인 평원에서 가장 무서운 군대였다.

몽골 침략기(1237~1241)에 유럽군의 군사적 기량에는 부족한 점이 많았다. 회전에서는 몽골군이 화력이나 기동성, 훈련, 지휘, 지구력 면에서 여러모로 유리했다. 반면 유럽군은 자국 내 전투에서 유리했는데 이는 대개 종교적 신앙에 힘입었기 때문이다. 몽골군은 자국에서 멀리 떨어져 있어 긴 보급로와 연락망에 의존했다. 몽골군이 작전 전역 내에서 원활하게 움직일 수 있었던 것은 우수한 정찰 능력을 유지한 덕분이었다. 몽골인 중 누구도 중부 유럽에 가본 사람이 없어 군 지휘관들에게 중부 유럽은 낯선 땅의 연속이었다. 몽골군이 군사적으로 성공한 이유는 군 고유의 구조가 아닌 작전술이 우수했기 때문이었다. 군 역사를 통틀어 보아도 승리를 결정짓는 요인은 군대의 특성 그 자체보다는 능력 있는 지휘관이 군대를 어떻게 이끌어 가느냐에 있었다. 결국 앞선 두 세기 동안 전장을 누볐던 그 어떤 유럽 지휘관보다도 훨씬 더 우수한 지휘관이 수부타이라는 이름으로 몽골군에 몸담고 유럽 침공을 주도했던 것이다.

셔요 강 전투

카이두칸이 폴란드를 초토화시키고 레그니차에서 헨리크 왕을 무찌르는 동안, 수부타이의 4개 종대와 바투의 주력군은 카르파티아 산맥의 눈길을 헤치며 헝가리 평원으로 나아가고 있었다. 3월 초, 몽골 본대의 대열은 변변찮은 저항을 제압하고 카르파티아 산맥에 주둔해 있는 마지막 헝가리 방어선을 돌파했다. 중앙 종대보다 규모가 작았던 남쪽 종대는 중앙 전진 축을 따라 부다와 페스트로 행군하고 있던 더 큰 규모의 병력을 벨라 4세가 신경 쓰지 못하도록 그의 주의를 분산시키고자 변두리 지역을 공격하기 시작했다. 미끼를 덥석 물어버린 벨라 4세는 남쪽 축으로 진격해오는 몽골군을 막기 위해 팔라틴 백작인 데니스 헤데버리가 지휘하는 소규모 병력을 투입했다. 하지만 몽골군은 그들을 쉽게 물리쳐버렸다.

3월 초, 벨라 4세는 몽골군이 대거 카르파티아 산맥을 돌파했음을 인정하고 몽골군 대열의 진군 지점에서 320여 킬로미터 떨어진 부다에서 작전 회의를 소집해 몽골의 진격을 멈추게 할 방법을 논의했다. 벨라 4세는 회의 도중 몽골군 전위부대가 이미 페스트 외곽 다뉴브 강기슭에 접근했다는 전갈을 받게 된다. 벨라 4세가 대책을 결정하려 할 때 몽골군 종대는 페스트에서 북쪽으로 몇 킬로미터 떨어진 집결지에 당도하고 있었다. 벨라 4세는 자신이 군사를 모을 때까지 불어난 다뉴브 강과 페스트의 강력한 요새가 몽골군의 진격을 막아줄 것이라고 믿었다. 그런데 그는 몽골군이 강의 얕은 곳을 따라 건너려 하지도 않고 페스트를 포위하려 하지도 않는다는 점을 대수롭지 않게 생각해버렸다. 벨라 4세는 2주 만에 거의 10만 명에 가까운 군사를 모아 4월 초에 몽골 침공군을 격퇴하러 동쪽으로 행군을 시작했다.

벨라 4세의 군대가 진격할 때 몽골군은 전방에서 천천히 철수했다. 그 뒤 몽골군의 조심스러운 추격이 9일간 이어졌다. 10일째 되던 날 아침, 수부타이는 셔요 강에 놓인 돌다리를 건너 강과 몇 킬로미터 떨어진 곳에 막사를 마련했다. 다리에는 최소한의 병력만 남겨두었다. 수부타이는 벨라 4세가 셔요 강을 건너도록 유도하고 있었는데, 이는 헝가리군을 공격하고 불어난 강의 급류 속으로 국왕을 밀어내기 위함이었다. 벨라 4세는 미끼를 물지 않고 강 서쪽 기슭에 멈췄다. 그는 수비 대형을 취하기에 앞서 소규모 몽골 분견대를 다리에서 몰아내고 몽골군의 반격을 막기 위해 셔요 강 동쪽 기슭에 중요한 교두보를 마련했다. 벨라 4세 군대의 본대는 서쪽 기슭에 남아서 야간 숙영을 했다. 헝가리와의 전쟁에서 결정적인 전투를 벌이기 위한 무대가 이제 수부타이의 뜻에 따라 꾸며졌다. 몽골의 전략적 관점에서 보면, 양쪽 측면은 모두 안전했고 연락망에도 문제가 없었으며 본대는 접근이 용이한 전장을 골라 그곳에 집결해 있었고 적은 완전히 고립되어 있었다.

 셔요 강 전투를 다룬 연대기 작가들은 벨라 4세의 군사 수가 몽골군의 병력을 훌쩍 뛰어넘는 10만 명 정도였을 것이라고 기록했다. 수많은 장갑 기사 분견대를 포함해 마자르 유목민의 후손인 이 군대의 주요 병기를 꼽자면 몽골의 전술을 속속들이 알고 있는 궁기병을 들 수 있었다. 그러나 몽골군이 변두리 지역을 공격하고 있다는 소문 때문에 군의 사기가 저하되었다. 레그니차에서 전해진 참사 소식도 사기를 떨어뜨리는 데 한몫했다. 헝가리 왕은 기사들 사이에서 평판이 그리 좋지 않았는데, 기사들 중 다수는 왕이 성직자들과 지나치게 친밀하게 지낸다고 생각했다. 그가 가장 신뢰하는 유능한 두 지휘관인 콜로차의 주교 우골린과 그란의 주교 마티아스가 모두 대주교였으니 말이다. 서쪽 강기슭에 있는 벨라 4세의 병력 배치 또한 문제가 많았다. 셔요 강에는 걸어서 건너갈 수 있는 곳이 몇 군데 있는데도 벨라 4세는 다리만 지켰다. 그의 진지는 지나치게 밀집되어 있고 강과 아주 가까워 결과적으로 무척 좁은 전방 진지를 형성했다. 바투가 이 중대한 실수를 무관들에게 지적했다고 한다. 그는 "적은 움직일 틈도 없는 좁은 외양간 안의 소떼처럼 밀집해 있다"고 말했다.[21] 수부타이는 나폴레옹의 격언처럼 적군의 지휘관이 실수를 범하도록 내버려두었다. 벨라 4세 진영의 마지막 결점은 강기슭 위아래에 경기병이나 궁기병을 배치해 측면 경비를 강화했어야 하는데 그러지 않아 양쪽 측면이 계속 노출되었다는 점이다.

날이 밝기 직전 바투는 헝가리군 파견대가 포진하고 있던 강 동쪽의 교두보를 공격했다. 헝가리 수비대는 일명 13세기 판 공격준비폭격 攻擊準備爆擊 공수작전 시 공격준비사격보다 앞서서 실시되는 폭격을 받았다. 몽골군은 발리스타로 추정되는 공성병기 7개를 투입한 뒤, 소이탄 등 굉음을 내는 무기들로 교두보를 포격했다. 포격의 목적은 적 지휘관의 주의를 공격 지점으로 끄는 것이었는데 이 전술은 이번 전투에서 큰 성공을 거두었다. 대포에서 뿜어져 나오는 굉음과 함께 죽음의 그림자가 드리워지자, 멍해진 수비대는 갑자기 몽골 기병대의 공격을 받고 순식간에 제압되었다. 포격은 장거리 공격으로 바뀌었고 몽골 기병대는 천둥이 치는 듯한 일제 엄호 사격을 받으며 다리를 건넜다. 헝가리 지휘관들은 비록 기습 공격을 받기는 했지만 자신들의 막사에서 군사들을 재정비한 뒤, 다리 너머에서 쏟아져 들어오는 몽골군과 싸우기 위해 힘차게 출정했다. 치열한 전투가 이어지고 헝가리군은 꿋꿋이 버텨낸 뒤 몽골군을 굴복시켰다. 그러다가 어느 순간 이 교전이 몽골군의 견제 공격에 불과했다는 사실이 명확해졌다.

헝가리에 있는 강은 봄이 되면 물살이 빨라지고 수심이 깊어져 현대 전투 공병들에게도 상당한 장애물이 된다. 하지만 수부타이는 대담하게 강을 건널 방법을 찾아냈다. 셔요 강 다리에서 몇 킬로미터 내려가면 강 쪽으로 돌출되고 습지로 둘러싸인 작은 반도가 있었다. 군대의 규모를 막론하고 그곳을 건넌다는 것은 매우 부적절한 행동이었다. 서쪽 강어귀 폭이 겨우 3킬로미터 남짓이어서 기껏해야 기병 2500명 정도만이 종대로 나란히 이동할 수 있었다. 수부타이는 어둠을 틈타 3만호(3만 명)를 셔요 강 너머로 이동시키고 좁은 반도를 벗어나 서쪽 기슭으로 넘어가게 했다. 그러고 나서 몽골군의 견제 공격에 맞서기 위해 헝가리군이 다리 반대편에 주요 병력을 집중시키는 동안 수부타이는 병력을 규합하고 북쪽으로 방향을 돌려 전장에 도착했다.

수부타이의 측면 기습은 거의 한 번의 공격으로 헝가리군에 적중했다. 헝가리군은 공황에 빠지지 않고 현명하게 막사로 후퇴했다. 몽골군은 공성병기를 끌고 와 몇 시간에 걸쳐 헝가리군을 향해 돌과 화살, 불붙인 나프타를 발사했다. 바투는 다리 쪽을 더욱 압박했고 수부타이는 2개 종대로 막사를 포위하기 시작했다. 영리한 노장 수부타이가 의도적으로 양익 사이에 틈을 두자, 헝가리군은 곧 서쪽에 안전한 틈이 있다고 믿었다. 몽골군의 공격은 강도를 점점 더해갔다. 처음에는 소수의 기병이 안전하다고 여긴 그 틈으로 질주하다가 곧 다수의 병사가 계속 틈으로 쏟아져 들어가는데도 몽골군은 철군 행렬을 막으려 하지 않았다. 소수의 템플 기사들만 그곳을 지키려다 몰살당할 뿐이었다. 막사 방어선이 무너지자 더 많은 병사가 그 틈으로 돌진해 들어왔다. 군율은 깨졌고 병사들 다수는 갑옷과 무기를 버렸다.

패배한 기사단 대열이 점점 더 길어지고 사방으로 흩어지자, 몽골군이 덫 주변으로 몰려들었다. 어디선가 새 말을 갈아탄 몽골 분견대가 갑자기 양쪽 대열에 나타났다. 수부타이는 탁 트인 곳에서 적을 추

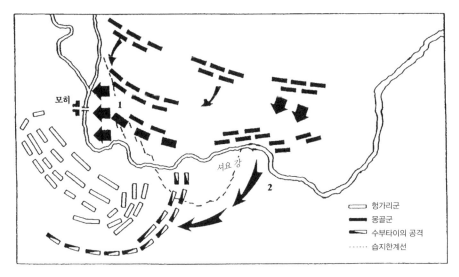

지도 6.3   셔요 강 전투: 수부타이의 야간 도하

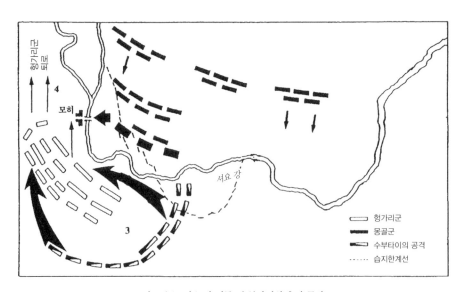

지도 6.4   셔요 강 전투: 수부타이의 측면 공격

격해 잡을 계획으로 기병 부대를 투입해 임무를 완수시켰다. 몽골군은 달아나려는 적군을 뒤쫓고 피신하지 못하도록 마을을 불태우며 무방비 상태의 지친 헝가리군을 쓰러뜨리기 시작했다. 이틀 동안 무자비한 학살이 자행된 뒤 페스트로 이어지는 길에는 시체들이 '마치 채석장에 쌓인 돌처럼' 널브러져 있었다. 5만 내지 7만 명의 헝가리 병사가 이 재앙 속에서 목숨을 잃었다. 프레데리크 황제는 이날의 피해를 "Fere extinguitur militia totius regni Hungariae"("헝가리 왕실 군대가 전멸되었다")고 기록했다.

헝가리군이 전멸하면서 몽골군은 드네프르 강에서 오데르 강 그리고 발트 해에서 다뉴브 강에 걸친 동유럽 전 지역을 지배하게 되었다. 그들은 4개월 이내에 총합이 아군의 5배나 되는 기독교 군대들을 제압해냈다. 수부타이는 헝가리에 대한 지배력을 강화하고 수많은 마을을 파괴하며 나라 구석구석을 약탈했다. 몽골의 침략으로 헝가리가 전체 인구의 50퍼센트를 잃었다는 추산도 있다![22] 수부타이 대열은 다뉴브 강이 얼어붙자마자 강을 건너 서쪽으로 향했다. 선봉은 줄리언 알프스슬로베니아 서북부와 이탈리아 동북부에 위치하는 알프스 동부의 산맥를 넘어 이탈리아 북부로 진입하고 정찰부대는 다뉴브 강 유역을 지나 빈의 성벽으로 접근했다. 유럽 군주들은 두려움에 떨며 그저 무력하게 야만인들의 도착을 기다리고 있었다.

몽골군이 빈을 정찰하고 있을 때 카라코룸에서 화살전령이 와서 오고타이칸이 사망했다는 소식을 전했다. 몽골 법에 의하면 모든 왕실 자손은 수도로 돌아와 차기 칸을 뽑는 선거를 치러야 했다. 수부타이는 정복전쟁에 나가 있던 세 명의 왕자에게 왕족의 의무를 지키게 했다. 몽골군 대열은 진군을 멈추고 동쪽으로 방향을 돌려 카라코룸으로 다시 긴 행군을 시작했다. 그들은 달마티아와 세르비아, 불가리아 북부를 지나며 이동했다. 그들은 지나쳐가는 이 땅들을 모두 파괴하고 다뉴브 강 하류 너머로 사라진 뒤 다시는 유럽으로 돌아오지 못했다. 몽골은 바투를 지도자로 하여 러시아 땅에 자신들의 국가인 킵차크한국을 세우고 거의 3세기 동안 몽골의 굴레를 씌웠다. 절대 권력을 전적으로 활용하는 차르의 정치적 지배 수단도 서양보다는 몽골의 방식에 훨씬 더 가까웠다.

몽골이 남긴 군사적 유산

　수부타이의 서유럽 공격은 시작하자마자 끝나버려 1242년 말에 몽골군이 동쪽으로 철수한 뒤 두번 다시 유럽군을 위협하지 못했다. 몽골의 침공이 유럽 대공과 성직자들을 죽음으로 몰고 가며 남긴 커다란 상흔은 금방 잊혔고 유럽은 몽골군을 겪었음에도 서방의 군사훈련에는 큰 변화가 없었다. 하지만 폴란드를 경계로 동쪽에 위치한 러시아는 몽골의 공격과 지배를 받아 몽골식 정치, 군사훈련, 국민성 등이 형성되어 영속적으로 뿌리내리게 된다. 레그니차 전투 이후 300년이 넘도록 몽골이 러시아의 중심 지역을 지배함으로써 절대 권력을 유산으로 물려받은 러시아는 정치적 지배 수단과 권력에 대한 개념이 몽골의 영향을 강하게 받았다. 해방론과 르네상스적 문화 발상은 러시아에서 꽃피우지 못할 정도였다.

16세기에 이르러 러시아는 마침내 몽골을 자신들의 땅에서 몰아냈지만 주변은 이미 서유럽의 다른 나라들이 둘러싸고 있어 영토를 확장할 수가 없었다. 서남쪽에서는 튀르크족이 발칸 반도를 차지했고 서쪽으로는 폴란드 공국이 영토 확장과 군비 확충에 한창 열을 올리고 있었다. 폴란드 너머 리투아니아는 삼림지역을 차지했다. 서북쪽의 노브고로드가 여전히 독일과 전쟁을 치르고 있는 사이 스웨덴은 무력으로 발트 해안을 차지했다. 심지어 호전적인 핀란드인까지도 북쪽 삼림은 대대로 내려오는 자신들의 유산이라고 고집하며 러시아의 확장을 막았다.[1] 러시아는 다른 어떤 곳으로도 영토를 확장할 수 없게 되자, 이번에는 서쪽이 아닌 동쪽으로 눈을 돌려 300여 년에 걸쳐 옛 몽골 제국을 압박했다. 이렇게 러시아가 동쪽으로 영토를 확장하면서 결과적으로 러시아군은 중앙아시아의 소수민족 사이에서 여전히 활용되고 있던 몽골의 전쟁 방식을 자주 접하게 되었다. 19세기 말까지 몽골식 군대와 수많은 전쟁을 치른 결과,[2] 러시아는 몽골의 전쟁 방식을 경험한 역사가 길어 군사교리와 훈련 면에서 강한 영향을 받았다.

반면 서유럽군과 전략가들은 몽골에게서 그다지 많은 교훈을 얻으려 하지 않았다. 몽골의 군사 체계, 장비, 전략, 전술 등을 이해하려 했던 첫 번째 유럽인은 바로 조반니 디 플라노 카르피니이며, 1245년에서 1247년 사이 몽골 궁정을 방문한 이야기를 기록했다. 그는 1248년에 『몽골인의 역사』(우리가 타타르인이라 부르는 몽골인 이야기)를 발간했지만[3] 유럽 군사 사상이나 훈련에 아무런 영향도 끼치지 못한 채 조용히 묻히고 말았다. 몇 년 뒤 쿠빌라이칸의 궁정을 방문한 일을 기록한 마르코 폴로도 몽골의 군사훈련에 대한 분석을 내놓지만 이 또한 무시되었다. 서유럽의 군사학자나 전문가가 몽골의 군사활동에 관심을 가졌었다고 주장할 만한 근거는 흔적도 찾아볼 수가 없었다. 심지어 서양에서 가장 유명한 군사학자인 한스 델브뤼크도 여러 권으로 된 대저서 『병법사Geschichte der Kriegskunst』를 펴내면서 몽골을 언급조차 하지 않았다.[4] 유럽은 몽골과 겪은 경험을 무시해버렸지만 러시아는 그러한 경험을 살렸고, 그 결과 러시아는 제2차 세계대전 때까지 몽골의 전쟁 방식과 교육에서 상당한 영향을 받은 반면 유럽은 이러한 방법이나 교육에 대해 전혀 알지 못했다.

필자가 알기로는 몽골의 군사 체계를 분석해 서술한 근대 첫 군역사가는 러시아의 미하일 이바닌 중장이었다.[5] 젊은 장교 이바닌은 러시아군에 몸담고 히바한국과의 전쟁에 참전해 중앙아시아의 반 유목민족인 우즈베크인들과 맞서 싸웠다. 이 전쟁에서 그는 칭기즈칸이 투르키스탄을 정벌하던 바로 그 지역에서 그때와 비슷한 조건으로 우즈베크인들이 펼치는 몽골의 전술을 직접 경험했다. 이 경험으로 몽골의 군사 체계에 흥미를 느꼈던지 1846년에 그는 『몽골과 중앙아시아인들의 병법』이라는 책을 펴냈다.[6] 1854년 이바닌은 러시아 장관으로 임명되어 국내 키르기스인 문제를 맡게 되어 중앙아시아 튀르크 부족의 군사에 대해 더 많은 정보를 수집하며 몇 년을 보냈다. 그 뒤 그는 원래의 역사 연구로 되돌아왔고 사후인 1875년에는 생전에 출간된 저서가 개정 및 증보를 거쳐 재출간되었다. 그의 저서는 출간되자마자 러시아에서 군사 사상에 중요한 공헌을 한 것으로 인정받아 황립 사관학교에서 교재로 쓰이기 시작했다. 그러나 단언컨대 이바닌의 책은 서방세계에는 번역되거나 읽히지도 않았으며, 심지어 러시아의 각종 군사학교에서도 적어도 제2차 세계대전을 거치는 동안에는 권장도서 정도로만 취급되었다.

혹자는 제1차 세계대전이 남긴 커다란 트라우마가 몽골에 대한 서방의 흥미를 자극했으리라고 예상했을지도 모른다. 적어도 탱크로 전시 기동성을 다시 끌어올릴 확률이 높아졌다는 점에서는 말이다. 바실 리들 하트 경은 1927년에 이 가능성을 고려해『위대한 명장들의 비법Great Captains Unveiled』이라는 책에서 칭기즈칸을 다루는 단원에 이렇게 쓰고 있다. "오늘날의 군대에서는 배울 것이 없는 건가? (…) 장갑 캐터필러나 경전차는 몽골 기병의 후예로 보인다."[7] J. F. C. 풀러는 비행기가 한층 더 높은 수준으로 그와 같은 역할을 할 수도 있다고 생각했다. 프랑스 군역사가 앙리 모렐은 서양에 출현한 몽골에 관해 1922년에 첫 기사를 썼다. 그리고 그의 기사「13세기 몽골의 전쟁 Les campagnes mongoles au XIII e siècle」은 그해 프랑스 군사 잡지『레뷔 밀리테르 프랑세즈Revue Militaire Française』에 실렸다. 같은 해 영국군 참모총장이 기계화 여단 장교들에게 몽골의 훌륭한 전법을 연구할 것을 장려했지만 별 성과는 없었다.[8] 1932년과 1933년 사이에는 C. C. 워커 비행 중대장이 칭기즈칸에 관한 기사들을『캐나다 국방 계간지Ca-nadian Defence Quarterly』에 기고했다. 이 기사들은 나중에 학술 논문으로 수집되어 1939년에『칭기즈칸Genghis Khan』이라는 제목의 책으로 출간되었다. 하지만 몽골군에 대한 전문 지식을 알리려는 이러한 노력은 서방의 전략가나 전술가들의 주목을 끌기에는 턱없이 부족했을뿐더러 이러한 분석 연구가 진지하게 받아들여졌거나 서양의 군사학교 교과과정에 포함되었다고 제시할 증거도 없다.

제1차 세계대전이 발발하기 전에 완성되어 있던 군사교리는 실제로 전투가 벌어지자 심각한 결함을 보였고, 그 결과 처음에는 기동전인 줄 알았던 것이 어느새 움직임이 거의 없는 교착전 혹은 참호전으로 전락해버리는 사태가 발생했다. 이러한 일이 벌어지자, 군사전략가들은 양차 세계대전을 거치면서 자신들의 군사교리에 대해 다시 생각해보게 되었으며, 제1차 세계대전 전투의 특징이었던 부동성이란 문제점에 대한 해결책을 실제 경험에 비춰 찾으려 했다. 그러나 강대국의 군사학자들은 문제를 저마다 다른 관점에서 바라보았다. 예를 들어 프랑스는 적군의 방어선을 어떻게 돌파할 것인가, 그리고 공격을 시작했을 때 탄력적으로 움직이는 방어선 경계를 어떻게 벗어날 것인가 하는 것이 문제였다.[9] 프랑스의 해결책은 '포병은 정복하고 보병은 지배한다'라는 모토를 내세워 강한 화력을 강조한 새로운 교리를 마련하는 것이었다.

영국의 군사전략가들은 대부분 다음 전쟁이 이전 전쟁보다 규모만 더 커질 뿐 전체적으로 똑같을 거라 예상하고 정치 지도자들에게 향후 유럽에서 충돌이 있더라도 가만히 물러나 있을 것을 종용했다.[10] 그 결과 영국군은 양차 세계대전 사이에 교리상이나 전술상의 뚜렷한 변화를 꾀하는 데 실패했다. 리들 하트와 풀러 등 일부 군사학자는 영국의 군사 사상에는 자각적 교리가 부족하다고 비판했다. 리들 하트는 현대의 탱크가 몽골의 기병과 같아서 전시에 기동성을 되살리는 데 사용할 수 있다고 주장했다. 그런데 그는 몽골군의 힘은 '단일 병기', 즉 기병대에서 나온다고 보고 현대의 군대는 단일 기동 병기에 의존한다고 주장하기도 했다.[11] 물론 이것은 몽골군 역사에 대한 오해였다. 몽골군이 단일 병기(기병)에 의존한 것은 사실이지만, 기병의 종류가 중기병과 경기병으로 나뉘어 있어 공동으로 작전을 수행하더라도 각각의 전술적 기능이 완전히 달랐기 때문이다. 리들 하트는 또한 몽골 기병을 강조하느라 몽골군의 보병 체계도 무시했다. 물론 몽골 보병대는 지역 주민들로 이루어졌긴 했지만 어느 정도는 보병대로서 두 기병대를 돕는 역할을 했다. 간단히 말해서 몽골군은 보병대를 기병대와 동시에 활용했으며, 그런 의미에서 몽골군은 제병諸兵 연합 군대였다고 볼 수 있다. 리들 하트는 또한 몽골 경보병대가 공격을 준비하는 과정에서 직접 사격을 했다는 사실과 사전 공격 시 대포를 사용했다는 사실도 간과한 채 이 병기들의 역할을 무시하며 영국군에는 다량의 탱크로 구성된 단일 병기 군대가 필요하다고 주장했다. 반면 풀러는 몽골군이 대포로 사전 공격을 했음을 알고 현대 비행기와 신형 자주포도 현대 군대에서 같은 기능을 수행할 수 있다고 주장했다. 하지만 이 모든 주장을 떠나서 풀러와 리들 하트의 비판은 부실하다고 여겨져 양차 세계대전 사이에 영국의 전략적 혹은 전술적 사고를 발전시키는 데 의미 있는 영향을 끼치지 못했다.

독일 군사전략가들은 부동성 문제와 참호전 문제를 오히려 다른 각도에서 진단했다. 독일의 관점에서 기본적인 문제는 돌파를 시도하기에 앞서 며칠 혹은 몇 주씩 대포로 사전 포격을 해야 하는 상황에 있었다. 포격이 길어지면 전략적, 전술적 기습이 불가능할 수밖에 없기 때문에 상대의 방어선이 두터워지고 탄력적으로 변해 돌파 시도가 금방 막힐 가능성이 매우 높았다. 독일의 해결책은 하인츠 구데리안이 '적소에서 한꺼번에 기습적으로 공격하라'[12]라는 표어로 요약한 전격전Blitzkrieg이라는 새로운 교리였다. 독일 전격전 교리의 특징을 결정지었던 공중 방호 및 최전선 비행을 전투지원 요소로 강조하는 러시아의 관념은 독일군을 모방한 것이라고 보는 사람들도 간혹 있다. 그런데 사실은 독일인들이 소련의 교리 개념을 들여와 이를 모방한 것이다. 1923년 독일과 러시아가 라팔로 조약을 맺음에 따라 러시아 땅에서 독일 장교들이 훈련을 받고 독일 장비를 시험할 수 있게 되었다. 덕분에 독일 군사기획가들은 새롭게 성장하고 있던 러시아의 붉은 군대를 접할 수 있었다. 독일군은 탱크 대열을 신속하게 이동시키는 동시에 전위 비행활동을 강조한 미하일 니콜라예비치 투하쳅스키(1893~1937)의 새로운 작전 교리에 강한 인상을 받았다. 그들은 또한 진보적인 소련 탱크의 구조에도 깊은 인상을 받아 소련의 설계 방식을 독일 탱크에 접목시켰다. 전격전 교리의 단점은 그것이 순수한 전술 교리라는 점이었다. 양차 세계대전 사이에 서방의 군사 사상은 여러 번 대규모 전투를 치러, 승리하면 적은 항복하거나 평화 협상을 하러 나오기 마련이라는 나폴레옹식 전쟁 관념에 여전히 강한 영향을 받고 있었다. 전쟁터 자체를 넘어서서 전략 결정에 영향을 줄 수도 있는 더 큰 범위와 규모의 정황들에 신경을 쓰지 않은 것을 보면, 서방의 사상은 전술 활용에만 초점이 맞춰져 있고 전략적 차원은 그다지 크게 고려되지 않은 듯하다. 서방 세계가 부동성의 전술적인 문제를 풀겠다고 내놓은 모든 교리상의 해결책에는 사실상 이러한 전략적 관점이 결여되었다.

오직 소련만이 이 문제를 제대로 보았다. 소련의 관점에서 문제는 전쟁을 치르는 동안 여러 번 겪었던 종심방어縱深防禦 선방어의 결점을 막기 위해 이중 삼중으로 진지를 배치해 계속해서 적의 진출을 차단하는 방어 돌파에 있지 않았다. 그렇다고 공세가 유지되지 못할 경우 단번에 상황이 나빠지는 기습 작전의 문제만도 아니었다. 소련에게 근대 전쟁의 문제는 결국 장기간에 걸쳐 전장을 장악하고 공격력을 유지하는 것이었기 때문에 소련군이 전술적 수준의 전투를 계속하는 것은 적의 전체적인 저항 의지를 무너뜨린다는 더 큰 전략적 목표로 나아가기 위한 수단이었던 것이다. 간단히 말해 소련은 전쟁 개념을 발전시켜 전략적, 전술적 차원을 모두 병합해낸 유일한 존재였다. 이것이 바로 1936년 야전교범에 포함된 종심전투 교리이며, 붉은 군대 참모총장 투하쳅스키 원수(진급 후)의 독창적인 생각이다.[13]

종심전투 교리의 핵심 개념은 전술적으로 배치된 적의 모든 영역에 공세를 가해 장악하는 것으로 적의 후방 깊숙한 곳에서 군사 집단, 도로 교차점, 병참선, 도시, 보급소 등을 노려 장거리 공격을 지휘하는 것이다. 종심전투의 목표는 적으로 하여금 계획적으로 공세를 펼치기보다 쉴 새 없이 대응만 하게 하여 적이 병력을 대거 집중시키지 못하도록 무력화하는 것이었다.[14] 물론 이것은 전략적 의미에서 몽골 병법이며 또한 전술 응용을 유도하기도 한다. 소련이 기습과 장거리 기동작전, 공세 유지, 적을 종심 공격하는 것 등을 강조하게 된 데에는 몽골군을 겪었던 역사적 배경이 있다. 게다가 소련은 어느 전투에서든 공격준비사격을 실시하고 탱크 대열에 의지했으며 기동작전에 중점을 두고 적군을 포위해 섬멸할 것을 강조했다. 1937년 러시아는 몽골군을 답습해 교리 및 전술을 마련한 뒤 교리를 지원할 새로운 장비를 설계하고 배치했다. 그 새로운 장비는 주로 탱크, 전투지원용 전투기, 트럭(보병 수송용), 무전기(미리 계획된 전투 훈련에서 부대를 지휘하기 위한 용도) 등이었다. 군사 사상에 이러한 변혁을 일으킨 자극제는 이바닌의 몽골 군사 체계 분석으로까지 거슬러 올라가 찾을 수 있다. 소련군 내에서 몽골 전쟁 방식이 제도화된 것은 사실상 투하쳅스키 원수와 미하일 바실리예비치 프룬제(1885~1925)라는 두 남자가 있었기 때문에 가능했다.

프룬제는 중앙아시아 비슈케크라는 도시에서 태어났다. 후에 소련은 프룬제를 기리기 위해 이 도시 이름을 프룬제로 바꾸었다. 젊은 시절에는 대부분 초원에서 여전히 부족 간에 전쟁을 치르고 러시아와 소규모 전투를 치르며 살아가는 몽골족과 튀르크족 궁기병들의 모습을 지켜보며 그들에 대한 지식과 경험을 쌓았다. 그는 군 역사에 해박한 우등생이었으며 학창 시절에는 모스크바를 초토화시킨 몽골의 위대한 칸 티무르를 가장 존경했다.[15] 프룬제는 베르니 소재의 전문학교에 입학해 1904년에 장학생만 받을 수 있는 금메달을 목에 걸고 졸업했다. 진정한 군역사가이자 지식인이었던 그는 내전 당시 볼셰비키에 가담해 탁월한 전투 지휘관으로 이름을 떨치게 된다. 1924년에는 모스크바로 가서 혁명군사위원회 의장이 되었고 붉은 군대 참모 대학의 교장을 역임해 교과과정에 지대한 영향을 끼쳤으며 소비에트 연방 육해군 부인민위원으로 활동하기도 했다.

프룬제는 새로운 소련군의 성격을 결정하는 문제를 두고 트로츠키의 의견에 반대했는데 이 논쟁에서 이겨 소비에트 연방을 지킬 순수 러시아 국군을 창설하기로 했다. 그는 20세기 중반의 붉은 군대에 새로운 교리 기반을 닦은 훌륭한 군사이론가였다. 이 새로운 교리는 그가 몽골의 전쟁을 직접 경험한 데서 나온 것이었는데, 우리는 여기서 이바닌의 저서가 프룬제의 사상에 영향을 끼쳤을 것이라고 추측할 수 있다. 왜냐하면 그토록 잘 알려진 군 역사서가 프룬제의 시선을 벗어났을 리 없기 때문이다. 프룬제의 새 교리에는 세 가지 주제가 있다. 첫째는 전쟁 시 공세 우위 유지, 둘째는 장거리 기동성 및 작전 강조, 셋째는 앞의 둘에 필연적으로 따르게 마련인 교리 실행 시 기병 부대의 주요 역할이다. 이 세 주제 가운데 셋째는 탱크가 속도나 기동력 그리고 특히 운용 범위와 안정성 면에서 말과 경쟁할 수 있을 정도로 발전하지 못했다는 사실을 들어 쉽게 이해할 수 있다.

프룬제의 동료 중 한 사람은 몽골의 전쟁 방법을 더 세련되게 다듬어 소련의 작전 교리에 접목시키고 거기에 장비 설계 및 전시 응용이라는 실제적이고 제도적인 이름을 붙이는 업적을 세웠다. 그 사람은 바로 미하일 투하쳅스키였는데, 1925년부터 스탈린 추종자들의 손에 죽임을 당할 때까지 붉은 군대 참모총장을 지냈다. 투하쳅스키는 스몰렌스크에서 태어나 알렉산드롭스키 사관학교에 진학했고, 우리 짐작대로 그곳에서 일반 군사 교과과정에 속해 있던 이바닌의 책을 읽었다. 제1차 세계대전과 그 뒤에 이어진 러시아 내전 때까지는 청년 장교로 복무했다. 그리고 빠르게 진급한 뒤 붉은 군대 사관학교의 학장이 되어 군 역사와 전략에 대해 광범위한 집필활동을 했다. 1925년 참모총장으로 임명된 투하쳅스키는 청년 장교로서 썼던 저서들의 기반이 된 새로운 소비에트 전략 및 교리 개념을 형식화했다. 투하쳅스키는 일생 동안 당대의 위대한 군사학자이자, 스탈린의 대숙청으로 사라진 가장 중요한 군사 인물로 여겨졌다.[16]

투하쳅스키는 소련 장교단을 전문화하여 직위 체계 내에서 수많은 정당 일꾼과 공론가들을 없앴다. 이러한 발전은 스탈린이 고위 장교단을 불신하도록 만들었고 급기야 1937년에는 숙청의 바람이 불어 한 사람도 빠짐없이 모조리 죽음을 맞았다. 투하쳅스키는 정당이나 개인적인 인맥보다는 경력과 전문 지식을 바탕으로 지휘권을 주는 몽골의 관습을 따랐다. 나아가 프룬제의 아이디어 중 특히 기동성과 속도, 작전 전개 면을 한층 더 발전시켰고, 자신의 독자적인 노력의 소산을 종심전투로 표현했듯 소련군 깊숙이 공세 교리를 주입시키고자 했다. 그는 참모총장으로서 소련군을 근대화하기도 했다. 그 과정에서 속도와 기동성, 공세를 활용하는 방법들을 크게 강조하며 이들 모두가 결합하면 어마어마한 화력을 내게 되어 아주 먼 곳이나 다양한 지형에서도 기동작전을 펼칠 수 있다고 주장했다. 투하쳅스키는 과거 몽골 기병대가 했던 역할을 이제는 탱크가 해야 한다며 위대한 소련군 교리에 탱크를 강조하기 시작했다. 프룬제는 같은 역할을 두고 기병대의 중요성을 역설했지만 탱크의 안정성과 속도, 화력이 해마다 커지고 있었기 때문에 그의 생각은 이미 시대에 뒤진 것이었다. 투하쳅스키는 또한 공격준비사격 능력도 크게 강조했다. 공격준비사격은 몽골군이 유럽과 중국 기병대를 상대할 때 경궁기병을 투입해 빈틈없는 적군의 진형을 느슨하게 한 다음 중기병을 돌격시켜 진형을 흩트러뜨리기 위해 썼던 고전적인 전법이었다. 종심전투 교리에서는 소련의 전위 항공대가 지상전 화력 지원에 나섰다.

투하쳅스키는 대포의 역할도 강조한 바 있지만 자주포는 물론 대포를 견인할 트럭이 부족해 대포를 적극적으로 사용하는 데는 다소 무리가 있었다. 몽골군 전술에서 보병대가 했던 역할을 인지한 투하쳅스키는 보병들이 빠르게 움직이는 탱크 대열과 거리를 유지할 수 있도록 소련 보병대에 '기계화'를 시도했다. 하지만 안타깝게도 소련의 트럭 업계는 붉은 군대의 요구에 맞춰줄 수가 없었다. 그리고 1943년경 미국의 무기대여 협정으로 트럭들이 대거 들어오기 시작하면서 소련 보병대는 상당히 기계화되었다. 물론 병력수송장갑차APC는 아직 개발되지 않은 상태였다. 소련 군역사가들은 제2차 세계대전 당시 붉은 군대가 서방 세계로부터 제공받은 모든 장비 중에서 최종적인 승리에 가장 큰 공을 세운 것은 바로 트럭이라고 한목소리로 이야기한다.[17]

1937년 붉은 군대는 유럽에서 가장 크고 가장 기계화된 군대로 거

듭났으며 지휘관들은 대규모 장거리 작전을 지휘하는 데 있어 서방의
그 어떤 장교단보다도 훈련이 잘되어 있었다. 실제로 프룬제와 투하쳅
스키는 몽골군을 분석한 이바닌의 연구 자료를 공부한 뒤 칭기즈칸과
수부타이의 군대를 본떠 소련군을 재구성했다. 이것이야말로 진정으
로 전략적이고 전술적이며 종심전투 교리를 실행하는 데 필요한 장비
였던 것이다. 붉은 군대 전력이 최고조에 이르자 바로 재앙을 맞았다.
스탈린은 고위 장교단을 의심의 눈초리로 바라보기 시작했고 장교 수
천 명과 미하일 투하쳅스키를 포함한 거의 모든 선임 지휘관을 처형
했다. 선임 지휘관들이 사라지면서 대군을 지휘할 능력도 함께 사라져
버렸다. 탱크군은 여러 개의 작은 부대로 쪼개지고 보병대 지원용으로
분산되어 (숙청 당시의) 프랑스 관습대로 제1차 세계대전 당시의 옛 러
시아군 기병대와 같은 역할을 하게 되었다. 유능한 지휘관들의 자리는
군사 관련 전문 지식이나 경력 위주가 아닌 아첨을 일삼는 정치인들이
대신했다.

　소련군이 대규모 기병대를 재도입한 것은 확실히 군 역사를 역행하
는 기묘한 발전이기는 하다. 독일 기갑사단의 공격을 무모하게 맨몸으
로 말을 타고 막으려다 폴란드 기병대와 같은 운명에 처했으니 말이
다. 소련군을 일류 전투부대로 만들어내려던 프룬제와 투하쳅스키의
노력은 3년 만에 물거품이 되고 말았다. 그리고 마침내 전쟁이 발발했
을 때 붉은 군대는 무너져버렸다.

　제2차 세계대전을 치르는 동안 몇몇 노장 장군이 석방되어 소련군
의 지휘를 맡으면서 1943년에는 잃어버렸던 몇 가지 전술 능력을 되찾
기 시작했다. 그러나 붉은 군대가 종심전투 교리의 밑바탕이 되는 개
념들을 제대로 발전시키기 시작한 것은 전쟁이 끝난 뒤였다. 전쟁 발

발 전에 붉은 군대는 공세의 중요성을 강조했고 서방 군대는 방어의 중요성을 강조했지만, 제2차 세계대전이 발발하자 각 군대는 교리를 바꿔버렸다. 그리고 종전 후 또다시 교리를 바꿨다.

종심방어 교리를 발전시킬 것을 강요하는 미국과 유럽의 북대서양조약기구NATO 군대는 사실상 소련군의 적수가 되지 못했다. 그 때문에 미군은 공격해 들어오는 탱크를 파괴할 수 있는 장비 설계에 역점을 두었다. 소련의 헬리콥터는 사람을 공격해 미군의 대전차포와 미사일팀을 무력화할 목적으로 설계된 데 반해, 미국의 헬리콥터는 탱크를 파괴할 목적으로 설계되었다. 소련 전위 항공대의 임무는 전방 지역 기갑부대 대열에 화력을 지원하는 일인 반면, 미군 항공기들은 소련 항공기를 파괴하는 일에 치중했다.

러시아가 몽골의 전쟁 방식을 강조한 사례는 병력수송장갑차와 대량의 자주포를 도입해 공격에 나서는 기갑 대열에 보병 및 화력을 지원한 데서도 찾아볼 수 있다. 이와 마찬가지로 소련군은 통신의 중요성도 크게 강조해 아무리 작은 단위의 부대라도 무전기를 갖추게 했다. 러시아 지휘관과 군사들도 몽골군처럼 사전에 계획된 전투 훈련을 여러 차례 실시했을 것으로 추측된다. 몽골군 야전 지휘관들에게 깃발과 등불이 있었듯이 무전기는 이 훈련을 지휘하고 통제하는 수단이었다. 심지어 붉은 군대가 전장에서 작전 행동을 은폐하기 위해 연막 작전에 주안점을 둔 것도 몽골군에서 유래했다. 사실 1991년 소련이 붕괴되면서 냉전이 종식될 때까지 몽골군은 냉전 기간 동안 대부분 명맥을 잘 유지하고 있었다. 소련군 지휘관들이 사용한 근대 장비나 소련군의 교리는 노장 책략가인 수부타이를 놀라게 할 만한 것이 거의 없었다. 만약 있었다면 수부타이는 근대에 자신의 군대가 환생했다는 것쯤은 금방 알아차렸을 것이다.

1247년에 프란체스코회 회원인 수도사 조반니 디 플라노 카르피니가 몽골 궁정을 방문하고 나서 수부타이는 아직 살아 있으며 70대 초반의 나이가 되었다고 기록했다. 그리고 그때까지도 수부타이가 몽골 장수들 가운데 가장 유명하고 존경스러운 장수로 추앙받고 있다고 썼다.[18] 몽골인들은 그를 불변의 수부타이라고 불렀으며 카르피니는 '그는 약점이 없는 군인이었다'고도 덧붙였다.[19] 수부타이에 관한 자료는 여러 가지가 있지만 그저 인격에 대해서만 잠깐 다룰 뿐이다. 이슬람 사람들은 그를 '조용하고 탐욕스러우며 무자비한' 인물로 생각했던 반면, 러시아인들은 '극도로 훈련된' 인물로 평가했다.[20] 수부타이를 가장 잘 묘사한 것은 단연 중국인이다. 중국인들은 수부타이를 훌륭한 전사로서 대단히 존경해 수부타이가 죽은 뒤 그에게 허난의 왕(허난 성)이라는 이름을 붙여주었는데, 그 이유는 수부타이가 금과의 전쟁에서 이 지역을 장악했었기 때문이다. 그리고 '신의와 불변의 장수'라는 영광스러운 칭호도 붙여주었다.[21] 심지어 수부타이의 적들도 그의 군사적 기량을 높이 평가할 정도였다. 탁월한 작전 수립 및 실행 능력으로 군 역사상 가장 위대한 장군 반열에 오른 용장인 만큼 두말할 나위가 없다.

수부타이는 73세에 세상을 떠났다. 궁정생활을 따분해했던 그가 형가리 및 서유럽과 오랜 전쟁을 치르고 돌아왔을 때는 68세의 나이였다. 수부타이는 오고타이칸이 사망한 뒤, 바투와 귀위크가 권력 다툼을 벌이는 데 진저리가 난 나머지 수도를 떠나 다뉴브 강 기슭의 야영지로 향했다.[22] 전해지는 이야기에 의하면, 수부타이는 자신의 거처에 있는 계급장을 모두 내다버리고 여생 동안 가축을 돌보고 손자 아추가 몽골 전사가 되기 위해 기량을 쌓는 모습을 지켜보며 지냈다고 한다. 다뉴브 강은 몽골 초원에서 서쪽으로 한참 떨어진 곳이라 수부타이가 그렇게 먼 곳에서 은퇴생활을 하기로 한 것이 이상해 보일 수도 있다. 당시 바투의 지배 범위는 킵차크한국과 러시아, 다뉴브 강 유역 등이었는데, 수부타이가 바투의 부하였던 자신의 아들 우랑카타이와 가까이 있기 위해 다뉴브 강 기슭으로 온 것일 수도 있다.[23] 바실 리들 하트 경은 이슬람 연대기 작가들의 글을 인용하여 수부타이는 세상을 떠날 때까지 "32개 민족을 정복했고 65차례의 대격전에서 승리했다"[24]고 언급했다. 그야말로 선대의 위대한 장군들 중 어느 누구도 능가할 수 없었던 업적이다.

후기: 몽골의 전쟁이 주는 교훈

　나는 오래전부터 몽골군에 관심을 가져왔지만 수박 겉핥기 수준을 넘어 본격적으로 호기심을 채울 수 있었던 것은 미 육군 대학원US Army War College에서 교수직을 맡게 된 뒤부터였다. 대학에 재직하는 동안 나는 고대 군 역사를 체계적으로 연구해 발표했고 연구 내용은 지금도 교과과정에 포함되어 있다. 이 과정을 가르칠 때 나는 문득 현역 대령이나 중령인 학생들에게 고대 전쟁을 가르쳐 그중에서도 현대 군사 지휘관에게 도움이 될 만한 전략적 전술적 교훈들을 얻게 하자는 생각이 들었다. 과거를 공부하는 것이 학생들의 현재 군생활에 유익할 수 있다면 나의 이런 노력은 역사를 '살아 숨 쉬게' 하는 것이다. 다음 목록은 우리 학생들이 수부타이의 전쟁을 연구하면서 얻어낸 전략적, 전술적 교훈들이다. 이것들은 필자가 보기에 처음 편찬되었던

10여 년 전만큼이나 오늘날에도 유효할 것이다. 그리고 이 교훈들 중 다수는 미국 육군지휘참모대학US Army Command and General Staff College 의 차세대 야전 지휘관 양성 과정에서도 찾아볼 수 있다. 이 교훈들이 몽골에서 유래한 것이라면 그것은 아마도 수부타이의 삶과 전투, 전술, 전략을 연구하여 거기서 파생된 몽골 군사 교리를 요약해놓은 것인지도 모르겠다.

전략

■ 군사력을 사용하는 것이 충분히 기습적이고 파괴적인 경우에는 정치적 의지를 종종 마비시킨다. 따라서 저항할 위험이 매우 큰 잠재적 연합 적군 구성원을 그런 식으로 공격하면 연합 적군이 형성되는 것을 막을 수 있다. 몽골족은 러시아 침공에 이 원리를 적용했다. 몽골군이 북부 지역의 공국들을 빠르고 완벽하게 장악하자, 이어지는 침공 단계에서 남부 공국들은 저항 능력이 마비되고 말았다.

■ 전략적 전망을 연구하여 활용하라. 전략적 전망은 목표와 방법, 수단을 만들어낸다. 몽골의 군사활동은 저마다 더 큰 전략적 전망과 구체적인 연관성을 가지고 있었으며 그 전략적 전망의 본질은 거의 한 세기 동안 변하지 않았다.

■ 전략 정보는 아마도 군사작전 지휘를 계획하는 지휘관이 임의로 활용할 수 있는 가장 유용한 재산일 것이다. 몽골의 경우 전략 정보 평가가 전체 작전 수립 과정에서 길잡이 역할을 했다. 전략 정보는 전략적 전망을 구상하고 전체 전략 중 군사적 요소를 발전시키는 데 토대가 된다. 특히 장기간 평화가 유지되고 있을 때 전략 정보를 수집하는 것이 중요하다.

■ 군사적 탁월함을 제도화하는 것은 국력을 키우는 데 귀중한 요소다. 몽골 군사활동 연구를 통해 알 수 있듯이 규모가 작더라도 체계적이고 잘 훈련된 군대는 크고 체계적이지 않은 군대를 이길 수 있다. 군사기관 지도자들의 탁월함 추구는 사회 전반을 위해 중요한 목표다. 사자가 이끄는 당나귀 군대가 당나귀가 이끄는 사자 군대보다 훨씬 더 효과적이다!

■ 군사 문제에서는 정치가 절대적으로 우선이므로 군사적 효율성과 마찰을 일으킬 때가 종종 있다. 비록 유럽 국가들의 군대는 몽골 군대를 수적으로 크게 앞섰지만 헝가리 지원 문제를 두고 정치적, 종교적 차이를 조정하지는 못했다. 군사작전을 계획할 때는 정치적 현실이 적의 전투력에 영향을 줄 수 있음을 아는 것이 중요하다.

■ 작전을 성공시킬 수 있더라도 원래의 목표(들)에서 벗어나는 전략을 수행하지는 말아야 한다. 레그니차 전투 이후 유럽 전체가 몽골의 침공에 노출되었다. 그런데 몽골군 지휘관 카이두칸은 패배한 적을 추격하지 않았다. 카이두칸은 전략 계획에 계속해서 집중했고 군대를 이동시켜 계획대로 헝가리 침공을 도왔다. 같은 이유에서 수부타이는 기회가 있었음에도 노브고로드를 공격하지 않고 더 큰 전략적 목표에 열중했다. 작전이 성공하면 전략적 목표에 변화가 생기는 위험이 늘 따르게 마련이다.

■ 민간인이든 군인이든 적국 사람들이 모여 있는 곳과 동떨어진 곳에서는 전투가 일어나지 않는다. 전쟁이 시작되었을 때 적국의 일반 대중에게 어떤 심리적 메시지를 전달할 것인지를 결정하는 것이 중요하다. 몽골은 일반 대중에게 두려움을 안겨주는 방법을 택했다. 경우에 따라 대중의 '마음'을 얻으려고 노력하는 것이 더 적절할 수도 있다.

그리고 두 경우 모두 다음과 같은 질문을 고려해야 한다. '이 군사작전이 적국 대중의 사상 변화와 가치관에 어떤 영향을 줄 것인가?'

■ 쓸모가 없거나 도움이 안 되는 동맹을 보호하려는 덫에 걸리지 말아야 한다. 자기방어도 못 하고 공동 작전에도 이렇다 할 공헌을 못 하는 동맹을 보호하려다보면 동맹군이 싸우던 적과 적의 동맹까지 떠안을 수도 있다. 러시아군과 벨라 국왕 모두 쿠만군을 보호하려다가 몽골군에게 응징을 당하는 결과를 초래했다. 동맹은 개인이 친구관계를 맺는 것과는 전혀 다르다. 성공적인 동맹은 상호 간의 이익과 자원을 전제로 한다.

■ 외교는 늘 군사 전략을 주도하지만 때로는 군사 전략의 도구로만 사용되기도 한다. 외교술은 적군의 연합을 붕괴시키는 데 아주 유용하게 쓰일 수 있다. 그런 점에서 몽골은 캅카스 산맥에서 진로를 방해하는 부족 연합 군대를 와해시킬 때 외교술을 영리하게 사용했다. 가르고 정복하라! 외교술을 써서 적군 동맹이나 군사 연합을 지탱하고 있는 정치적 구조에 쐐기를 박아라.

■ 전략적 기만을 최대한 활용하라. 적의 심리를 적절히 뒤흔들면 사단 몇 개만큼의 가치가 있다. 몽골군은 늘 작전 목표에 맞춰 전략적 기만술을 신중하게 활용했으며 대개는 큰 성공을 거두었다.

전술

■ 먼저 병력을 목표에 집중시켜 배치하기 전에는 결코 공격을 감행해서는 안 된다. 칼카 강 전투에서 므스티슬라프는 이 점을 잊고 무모하게 병력을 간헐적으로 투입하는 바람에 수적으로는 훨씬 더 우세했지만 결국 패전했다.

■ 날씨를 잘 파악하고 활용하여 전투력을 높여라. 중세 시대 유럽 군대들은 보통 겨울에는 싸우지 않았다. 이러한 제약 덕분에 몽골군은 겨울에 전쟁을 일으켜 군사력을 높일 수 있었다. 개울과 강 그리고 습지가 얼어붙으면 방어 수단의 가치를 잃기 때문이다.

■ 주도권을 쥐고 대담하게 공격을 시도하고픈 욕망 때문에 전황 분석에 소홀해져서는 안 된다. 조지아의 게오르그 4세와 헨리크 2세는 대치 중인 적군의 성격과 배치 상황을 제대로 파악하기도 전에 공격을 감행했다가 병력을 모두 잃었다. 열정만 앞세우다 죽지 말라!

■ 매복의 중요성을 깨달아라. 매복은 적을 무너뜨릴 수 있는 가장 쉽고 효과적인 방법 중 하나다. 몽골군 지휘관들은 매복을 순수 예술로 승화시켰다. 매복은 대개 게릴라 전술로 여겨지지만, 기동성이 좋고 단시간에 목표 지점으로 집결할 수 있는 군대가 활용하기에 특히 좋은 전술이다.

■ 전장에서 아군의 배열과 작전 행동을 은폐할 방법을 찾아라. 레그니차 전투와 칼카 강 전투에서 몽골군은 연막을 이용해 반격했다. 두 전투 모두 적은 무방비 상태에서 공격을 당했다. 전장에서는 최대한 은신하라.

■ 야전에서 작전에 성공한 뒤에도 연락 체계를 계속 유지하도록 적절히 신경을 써야 한다. 비록 헝가리 침공을 앞두고 있기는 했지만 키예프에서 대승을 거둔 뒤 수부타이는 적잖은 수의 군사를 파견해 연락 체계를 지키게 했다.

■ 과감하고 치명적인 추격전을 벌여라. 적이 달아나기 시작하면 재빨리 움직여 괴멸시키거나 저항 의지를 꺾어놓아야 한다.

■ 수부타이를 모방하라! 두 병력이 합세해서 아군이 불리해질 경

우, 단호하게 움직여 맞붙은 뒤에 둘 중 하나를 무너뜨린다. 작전이 성공해 한쪽 병력이 패하면 대개는 나머지 병력과의 싸움이 불필요해진다. 우세한 병력이 아군의 작전지역에 모여들지 않도록 공격적으로 대응하여 막아야 한다.

■ 때때로 포위된 적을 완전히 섬멸하는 것보다 퇴로를 남겨주는 편이 낫다. 살아남을 방법이 있는 한 적을 항복시키는 것은 언제나 가능하다. 생존 심리는 인간에게 중요한 동기 부여가 되므로 그것을 이점으로 여기고 활용하라.

■ 적이 대응하기 전에 아군 병력을 적군의 맞은편에 빠르게 집중시킬 수 있는 능력을 키워 유용한 몽골 격언 "흩어져 행군하고 뭉쳐서 싸운다"를 실천하라.

■ 군대는 지휘관 한 사람의 의지를 표현하는 수단이다. 군대의 여러 요소 가운데 연락 체계 유지의 목적은 지휘관의 의지에 따라 작전 지휘를 하는 것이다. (이번에도) 수부타이의 사례를 따르라.

■ 연락 체계가 지휘선을 마비시키게 해서는 안 된다. 군 지휘관이나 막료가 하위 수준 작전의 통신 능력까지 일일이 통제하지 않도록 하는 것이 좋다. 일단 부대 지휘관에게 목표가 주어지면 그 목표를 달성할 방법은 그의 재량에 맡겨라. 몽골 지휘관들과 독일 참모본부의 임무형 지휘 사례를 따르라.

■ 셔요 강에서 작전에 실패한 벨라 4세를 기억하라. 방어 진지에서는 항상 방어선을 여러 겹으로 깔아 충분히 두껍게 해두어야 한다.

■ 아군을 노리는 적군 부대나 그 부대의 일부분과 접촉이 끊겨서는 안 된다. 벨라 4세의 군대는 셔요 강에서 바투의 군사 3만호를 놓쳐 측면 공격을 받아 궤멸되고 말았다. 적이 어디에 있는가를 항상 알

고 있어야 한다.

　　■ 포병 장교와 친구가 되어라. 대포만큼 살상력이 좋고 충격 효과
가 큰 것은 없다! 몽골군은 전투 계획에 없어서는 안 될 요소로 대포
를 광범위하고 혁신적인 방법으로 사용했디.

　　■ 수부타이를 모방하라. 언제나 상대가 예상치 못하는 곳으로 가라.

주註

1장

1 『몽골비사』 영역본은 두 가지다. 그중 1982년 하버드대 출판부에서 발행한 Francis Woodman Cleaves의 역서가 몽골의 전성기를 더욱 구체적이고 학구적으로 다루고 있다. 또 하나는 1984년 샌프란시스코 Northpoint Press에서 발행한 Paul Kahn의 역서로, 좀더 시적으로 번역되어 있다. 두 역서 사이에 중대한 모순은 거의 없다고 본다. 이 시기에 관해 이 책에 등장하는 모든 인용구는 별다른 언급이 없는 한 Kahn의 번역을 따른 것이다. Paul Kahn, *The Secret History of the Mongols* (San Francisco: Northpoint Press,1984), 134.

2 *Secret History*, 32와 134.

3 같은 책.

4 같은 책.

5 *Secret History*, 125.

6 RenéGrousset, The Empire of the Steppes (New Brunswick, NJ: Rutgers University Press, 1970), 582.

7 같은 책, 579.

8 Harold Lamb, *The March of the Barbarians* (New York: Literary Guild of America, 1940), 376. 이 자료는 사실상 순수 역사서라기보다는 역사소설에 가깝기 때문에 참고하는 데 주의가 필요하다. 그렇지만 이슬람과 중국을 다루는 역사가이자 언어학자로서 Lamb의 학문적 능력은 무시할 수는 없다. 책 뒤쪽에 나오는 주석과 보충 설명은 동시대 역사를 다루는 저명한 학자들의 자료만큼이나 신뢰할 수 있다.

9 같은 책.

10 Friar Giovanni Di Plano Carpini, *The Story of the Mongols Whom We Call Tartars* [tran. Erik Hildinger] (Boston: Branden Publishing Company, 1996), 65.

11 Jean Pierre Abel Rémusat, *Nouveaux Melanges Asiatiques: Etudes Biographiques*, vol. 2 (Schubart et Heideloff, Paris, 1829), 97.

12 『몽골비사』 역서가 두 가지임을 여기서도 알 수 있다.

13 *Secret History*, 47.

14 같은 책, 50-51.

15 문건에 기록된 고대 군의 첫 지휘관 회의 활용 사례는 토트메스 3세가 메기도를 공격하기 전에 소집했던 회의다.

16 *Secret History*, 50.

17 Rémusat, 90.

18 Rudyard Kipling의 시 'If'에서 발췌.

19 군사 지도자의 지력이 갖는 중요성에 대해서는 Richard A. Gabriel, *Great Captains of Antiquity* (Westport, CT: Greenwood Press, 2001), Chapter 8 "On The Origins of Great Captains"를 참고하라.

20 R. P. Lister, *Genghis Khan* (New York: Dorset Press, 1969) 137. 샤를마뉴 대제도 같은 식으로 색슨족을 처단했다.

21 René Grousset, *Conqueror of the World: The Life of Genghis Khan* (New York: Orion Press, 1966) 135.

22 같은 책, 134; Cleaves, 39쪽도 참조

23 같은 책.

24 *Secret History*, 106.

25 같은 책, 107.

26 같은 책, 108-109.

27 같은 책, 110.

28 나폴레옹도 똑같은 이유로 부대 대열을 두텁게 하여 진군할 때가 많았다.

29 Grousset, *Conqueror of the World*, 152.

30 *Secret History*, 111.

31 같은 책.

32 같은 책, 114.

33 같은 책, 115.

34 같은 책, 118.

35 같은 책, 118; Grousset, *Conqueror of the World*, 161.

36 Richard A. Gabriel, *The Great Armies of Antiquity* (Westport, CT: Greenwood Press, 2002) 108, 118. 다윗의 병거에 관해 더욱 자세히 알아보려면 *The Military History of Ancient Israel* (같은 저자) (Westport, CT: Greenwood Press, 2003), 2장 참조

37 Lister, 180.

38 *Secret History*, 118.

39 같은 책.

40 같은 책, 119.

41 같은 책.

42 같은 책.

43 같은 책.

44 같은 책, 147.

45 같은 책, 125.

46 George Vernadsky, *The Mongols and Russia* (New Haven: Yale University Press, 1953), 29.

47 Grousset, *Conqueror of the World*, 169.

48 *Secret History*, 140.

2장

1 R. P. Lister, *Genghis Khan* (New York: Dorset Press, 1965) 185. David Morgan,

The Mongols (Oxford, UK: Blackwell, 1986), 55-61도 참조.

2 Paul Kahn, *The Secret History of the Mongols: An Adaptation* (San Francisco: Northpoint Press, 1984), 140. 이 주제를 더 명확하고 학술적으로 다루고 있는 자료는 Francis Woodman Cleaves, *The Secret History of the Mongols* (Cambridge, MA: Harvard University Press, 1982). 이 책에서는 두 출처 모두를 광범위하게 활용했다.

3 Richard A. Gabriel and Donald W. Boose Jr., *Great Battles of Antiquity* (Westport, CT: Greenwood Press,1994), 536.

4 Morgan, Chapter 4; 그리고 S. R. Turnbull and Angus McBride, *The Mongols* (London: Osprey Publishers, 1988), 22.

5 Morgan, 87.

6 Harold Lamb, *Genghis Khan* (New York: Doubleday, 1927), 1장과 2장에서 몽골인(특히 어린이)의 고단한 삶을 잘 묘사하고 있다.

7 같은 책, 201-204. 야사크 조항들을 확인할 수 있다.

8 *Secret History*, 140.

9 몽골 병사의 갑옷과 무기, 장비 등에 관해 더 자세히 알아보려면, Michael Edwards and James L. Stanfield, "Lord of the Mongols: Genghis Khan," *National Geographic*, vol. 190, no. 6 (1996년 12월) 14-16; Turnbull and McBride, 13-22; Gabriel and Boose, 539-541 참조

10 Edwards and Stanfield, 13.

11 Gabriel and Boose, 541; 그리고 James Chambers, *The Devil's Horsemen: The Mongol Invasion of Europe* (New York: Atheneum, 1979), 56.

12 Turnbull and McBride, 17.

13 Morgan, 84.

14 Chambers, 59.

15 Edwards and Stanfield, 32-33.

16 Chambers, 55.

17 Turnbull and McBride, 30.

18 Chambers, 62. 그리고 Edwardsand Stanfield, 32에는 몽골군의 막사와 이동을 나타낸 삽화가 실려 있다.

19 Gabriel and Boose, 545-547.

20 Giovanni di Plano Carpini, *The Story of the Mongols Whom We Call The Tar* (tran. Erik Hildinger; Boston: Brandon Publishing Company, 1996), Chapter 6. B. H. Liddell Hart, *Great Captains Unveiled* (London: Blackwood and Sons,1927), 28.

21 Gabriel and Boose, 545-547.

22 Chambers, 60-61.

3장

1 Michael Prawdin, *The Mongol Empire* (London: George Allen Ltd., 1940), 102.

2 E. D. Phillips, *The Mongols* (New York: Frederick A. Praeger, 1969), 56.

3 RenéGrousset, *The Empire of the Steppes* (New Brunswick, NJ: Rutgers University Press, 1970), 228.

4 같은 책.

5 Prawdin, 102.

6 같은 책, 109.

7 안타깝게도 금의 '사단' 규모와 관련된 정보는 없지만, 수천 명은 되었을 것으로 추정해볼 수 있다.

8 Prawdin, 129.

9 W. E. Henthorn, *Korea: The Mongol Invasions* (Leiden: E. J. Brill, 1963), ix-x.

10 같은 책.

11 Jean Pierre Abel Rémusat, *Nouveaux Melanges Asiatiques: Etudes Biographiques*, vol. 2 (Paris: Schubart et Heideloff, 1829), 93. 레뮈자의 설명은 그가 번역한 『신아시아 논집』이라는 중국 문헌을 바탕으로 하고 있다.

12 Harold Lamb, *The March of the Barbarians* (New York: Doubleday, 1940), 104.

13 Rémusat, 93.

14 Lamb, 113.

15 Rémusat, 95.

4장

1 Leo De Hartog, *Genghis Khan: Conqueror of the World* (New York: Barnes and Noble, 1999), 89; 그리고 René Grousset, *The Empire of the Mongols*

(Paris, 1941), 197, J. A. Boyle, "Dynastic and Political History of the Il-Khans," 출처 *Cambridge History of Iran*, vol. 5, The Saljuq and Mongol Periods (Cambridge, England: 1968), 305도 참조

2 Hartog, 89.

3 같은 책, 90; 그리고 A. Hartman,"An Nasir il-Din Allah (1180-1225): *Politik, Religion, Kultur in der Spaeten Abbasidenzeit*" (Berlin: 1975), 84도 참조

4 Trevor N. Dupuy, *The Military Life of Genghis Khan* (New York: Franklin Watts, Inc., 1969), 66.

5 Michael Prawdin, *The Mongol Empire* (London: George Alien and Unwin Ltd., 1940), 159.

6 J. J. Saunders, *The History of the Mongol Conquests* (Philadelphia, PA: University of Pennsylvania Press, 1971), 55-56.

7 같은 책, 54.

8 Prawdin, 156.

9 Hartog, 98.

10 Harold Lamb, *The March of the Barbarians* (New York: Literary Guild of America, 1940), 60.

11 Prawdin, 160.

12 Lamb, 124.

13 J. A. Boyle, *The History of the World Conqueror by Ala-ad-din Malik Juvaini* (Manchester, England: 1958), 100-102.

14 Prawdin, 171-172.

15 같은 책, 188.

16 RenéGrousset, *The Empire Of The Steppes: A History of Central Asia* (New Brunswick, New Jersey: Rutgers University Press, 1970), 241.

17 같은 책. Grousset가 여기에 인용한 내용의 원래 출처는 Juvaini와 Rashid ad-Din이다.

18 같은 책. 여기에서도 Grousset는 원래 출처를 인용하고 있다.

5장

1 RenéGrousset, *Conqueror of the World: The Life of Genghis Khan* (New

York: Orion Books, 1966), 265.

2 Harold Lamb, *Genghis Khan* (New York: Doubleday, 1927), 114.

3 James Chambers, *The Devil's Horsemen: The Mongol Invasion of Europe* (New York: Atheneum, 1979), 20.

4 Richard A. Gabriel and Donald W. Boose, *Jr., Great Battles of Antiquity: A Strategic and Tactical Guide to the Great Battles that Shaped the Development of War* (Westport, CT: Greenwood Press,1994), 524.

5 Chambers, 20.

6 J. J. Saunders, *The History of the Mongol Conquests* (Philadelphia: University of Pennsylvania Press, 1971), 59.

7 Gabriel and Boose, 525.

8 Michael Prawdin, *The Mongol Empire* (London: Allen and Unwin, Ltd.,1940), 212.

9 Grousset, 266.

10 같은 책.

11 Chambers, 24.

12 같은 책.

13 Prawdin, 217.

14 Leo De Hartog, *Genghis Khan: Conqueror of the World* (New York: Barnes and Noble,1989), 122.

15 W. Barthold, *Four Studies on the History of Central Asia*, vol. 1 (Leiden: Brill, 1956), 41.

6장

1 Richard A. Gabriel and Donald W. Boose, Jr., *The Great Battles of Antiquity: A Strategic and Tactical Guide to the Great Battles that Shaped the Development of War* (Westport, CT: Greenwood Press,1994), 530.

2 George Vernadsky, *Kievan Russia* (New Haven, CT: Yale University Press, 1948), 193.

3 같은 책, 194.

4 James Chambers, *The Devil's Horsemen* (New York: Atheneum, 1979), 71.

5 J. J. Saunders, *The History of the Mongol Conquests* (Philadelphia, PA: University of Pennsylvania Press, 1971), 82.

6 같은 책, 80. 인용 출처에 대해 더 많은 정보를 얻으려면 Saunders의 책 해당 단원의 30번 각주도 참조.

7 같은 책.

8 Harold Lamb, *The March of the Barbarians* (New York: Literary Guild of America, 1940), 136.

9 Chambers, 75.

10 Lamb, 137.

11 Saunders, 83.

12 Gabriel and Boose, 531.

13 Chambers, 81.

14 Gabriel and Boose, 533.

15 Erik Hildinger, "The Mongol Invasion of Europe," 39 *Military History* (June, 1997), 41.

16 같은 책, 42.

17 Gabriel and Boose, 549.

18 Vernadsky, 192.

19 같은 책.

20 Lamb, 134.

21 Gabriel and Boose, 553.

22 같은 책, 556.

7장

1 Harold Lamb, *The March of the Barbarians* (New York: Literary Guild of America, 1940), 344.

2 George Vernadsky, *The Mongols and Russia* (New Haven: Yale University Press, 1953), 119.

3 Giovanni di Plano Carpini, *The Story of the Mongols Whom We Call the Tartars* (Boston: Branden Publishing, 1996).

4 Hans Delbruck, *The History of the Art of War*, tran. Walter J. Renfroe, Jr.,

4 vols. (Westport, CT: Greenwood Press, 1980).

5 Vernadsky, 119.

6 같은 책.

7 B. H. Liddell-Hart, *Great Captains Unveiled* (London: William Blackwood and Sons, 1927), 33.

.8 Vernadsky, 120.

9 Frederick Kagan, "Soviet Operational Art: The Theory and Practice of Initiative, 1917-1945," 출처 Christopher Kolenda, *Leadership: The Warriors Art* (Carlisle, PA: Army War College Foundation Press, 2001), 227.

10 같은 책.

11 Liddell-Hart, 32.

12 Kagan, 228.

13 같은 책, 230.

14 Kagan, 230.

15 Joseph L. Wieczynski (ed.), *Modern Encyclopedia of Russian and Soviet History*, vol. 40 (Gulf Breeze, FL: Academic International Press, 1985), 38.

16 *The Modern Encyclopedia of Russian and Soviet History*, vol. 12 (1979) 81.

17 필자는 소련 역사가들의 관점에서 무기대여 협정을 통해 제공된 트럭이 갖는 중요성을 저명한 러시아 역사학자 John Windhausen의 도움으로 알 수 있었다.

18 Carpini, 65.

19 Carpini의 말은 Lamb, 191에 번역되어 있다.

20 같은 책, 30.

21 Rémusat, 97.

22 같은 책.

23 1257년, 우랑카타이는 군사를 모아 그 해 12월에 안남 왕국(베트남)의 수도 하노이를 약탈했다. McNeil은 머지않아 유럽을 덮친 대역병이 동남아시아에서 출발했으며 거기에서 몽골군에 의해 중앙아시아로 그 뒤, 오데사(흑해)에 있던 제노바 무역선에 의해 유럽으로 옮겨간 것이라고 주장한다. 그 역병을 중앙아시아로 옮긴 것이 우랑카타이의 군대였을 가능성이 있다.

24 Basil H. Liddell-Hart, *Great Captains Unveiled* (London: William Black and Sons, 1927), 30.

참고문헌

Barthold, W. *Four Studies on the History of Central Asia*, vol. 1. Leiden: E. J. Brill, 1956.

Boyle, J. A. "Dynastic and Political History of the Il-Khans," *Cambridge History of Iran*, vol. 5, The Saljuq and Mongol Periods. Cambridge, 1968, pp. 300-317.

Boyle, J. A. *The History of the World Conqueror by Ala-ad-din Malik Juvaini*. Manchester, England, 1958. *Cambridge Medieval History*, vol. 4 (1966), vol. 6 (1968).

Chambers, James. *The Devil's Horsemen*. New York: Atheneum, 1979.

Cleaves, F. W. *The Secret History of the Mongols*. tran. Cambridge, MA: Blackwell, 1982.

De Hartog, Leo. *Genghis Khan: Conqueror of the World*. New York: Barnes and Noble,1999.

Dupuy, R. Ernest and Trevor N. *Encyclopedia of Military History*. New York:

Harper and Rowe, 1986.

Dupuy, Trevor N. *The Military Life of Genghis Khan.* New York: Franklin Watts, Inc., 1969.

Edwards, Michael and James L. Stanfield. "Lord of the Mongols: Genghis Khan," *National Geographic,* vol. 190 (December 1996), pp. 14-23.

Gabriel, Richard A. and Donald W. Boose, Jr. *The Great Battles of Antiquity: A Strategic and Tactical Guide to the Great Battles that Shaped the Development of War.* Westport, CT: Greenwood Press, 1994.

Grousset, Rene. *The Empire of the Mongols.* Paris, 1941.

_____. *Conqueror of the World: The Life of Genghis Khan.* New York: Orion Press, 1966.

_____. *The Empire of the Steppes.* New Brunswick, NJ: Rutgers University Press, 1970.

Hartman, A. "An Nasir il-Din Allah (1180-1225): Politik, Religion, Kultur in der Spaeten Abbasidenzeit." Berlin, 1975.

Henthorn, W. E. *Korea: The Mongol Invasions.* Leiden: E. J. Brill, 1963.

Hildinger, Erik. "The Mongol Invasion of Europe," *Military History,* 39 (June 1997), pp. 40-46.

Kagan, Frederick, "Soviet Operational Art: The Theory and Practice of Initiative, 1917-1945," 출처 Christopher Kolenda, *Leadership: The Warrior's Art.* Carlisle, PA: Army War College Foundation Press, 2001, pp. 225-248.

Kahn, Paul. The Secret History of the Mongols. San Francisco: Northpoint Press, 1984.

Kiss, Peter A. "Horsemen of Cruel Cunning," *Military History* (December 1986), pp. 34-41.

Laffont, Robert. *The Ancient Art of War,* vol. 2. New York: Time-Life, 1966.

Lamb, Harold. *Genghis Khan.* New York: Doubleday, 1927.

Lamb, Harold. *The March of the Barbarians.* New York: Literary Guild of America, 1940.

Liddell-Hart, Sir Basil H. *Great Captains Unveiled.* London: William

Blackwood and Sons, 1927.

Lister, R. P. *Genghis Khan*. New York: Dorset Press, 1969.

Martin, H. D. "The Mongol Army," *Journal of the Royal Asiatic Society*, vol. 1 (1943), pp. 46-85.

Morgan, David. *The Mongols*. Cambridge, MA: Blackwell, 1986.

Oman, Sir Charles. *The Art of War in the Middle Ages*, vol. 2. London: Greenhill, 1924.

Plano Carpini, Giovanni di. *The Story of the Mongols Whom We Call the Tartars*. [tran. Erik Hildinger] Boston: Branden Publishing Company, 1996.

Prawdin, Michael. *The Mongol Empire*. London: George Allen and Unwin Ltd., 1940.

Phillips, E. D. *The Mongols*. New York: Frederick Praeger, 1969.

Rémusat, Jean Pierre Abel. *Nouveaux Melanges Asiatiques: Etudes Biographiques* vol. 2. Paris: Schubart et Heideloff, 1829, pp. 89-97.

Saunders, J. J. *The History of the Mongol Conquests*. Philadelphia: University of Pennsylvania Press, 1971.

Sinor, D. "The Inner Asian Warriors," *Journal of the American Oriental Society*, 101/102 (1981), pp. 133-144.

Turnbull, S. R. *The Mongols*. London: Osprey, 1980.

Vernadsky, George. *Kievan Russia*. New Haven, CT: Yale University Press, 1948.

Vernadsky, George. *The Mongols and Russia*. New Haven, CT: Yale University Press, 1953.

Vickers, Ralph. "The Mongols and Their Impact on the Medieval West," *Strategy and Tactics* (March/April 1979), pp. 23-28.

Wieczynski, Joseph L. (ed.) *The Modern Encyclopedia of Russian and Soviet History*, vols. 12 & 40. Gulf Breeze, FL: Academic International Press, 1958.

옮긴이의 말

얼마 전 영국 BBC에서 관련 전문가들을 대상으로 세계사의 100대 명장을 꼽았는데, 그 결과 놀랍게도 많은 사람에게 이름조차 생소했던 수부타이가 1위로 선정되었다. 몽골 역사 가운데 우리에게 가장 많이 알려진 인물은 단연 칭기즈칸일 것이다. 쿠빌라이칸, 테무진 등 그의 뒤를 잇는 지도자들도 맹위를 떨쳤지만, 결코 칭기즈칸에 견줄 만하지 않으며, 오늘날까지 몽골인들뿐만 아니라 타국의 이방인들에게도 몽골의 역사는 곧 칭기즈칸 제국으로 기억되곤 한다.

정주민이 문명을 일구고 주도적으로 인류 역사를 만들어온 가운데 정주민의 역사와는 완전히 반대인 유목민으로서 몽골이 세계 제국을 세운 것은 통념을 무너뜨리는 일이었으며, 이는 중세를 지배한 가장 커다란 사건으로 꼽을 수 있을 것이다. 그런 가운데 칭기즈칸의 장군으로서 세계를 제패하는 데 최고 전략가이자 책략가가 있었으니, 그가 바로 이 책에서 조명하고 있는 수부타이다. 위대한 전술 천재 수부타이가 서양뿐만 아니라 우리에게도 거의 알려지지 않았다는 사실은 놀랄 만하다. 13세기 몽골을 방문했던 서양인들의 기록에 수부타이에 대한 기록은 전무했다. 이후 1829년 장피에르 아벨 레뮈자의 책에 중국 저술로부터 번역한 단 아홉 쪽짜리의 수부타이 전기가 실릴 뿐이었다.

이후 서양에서는 누구도 앞세워 다루지 않았던 수부타이를 이 책의 저자 리처드 A. 가브리엘이 최초로 정면에 드러냈다. 칭기즈칸이라는 영웅의 그늘에 가려져 있던 그에게 저자는 '용장'이라는 수식어를 달아주었다. 이 책이 출간되고 난 뒤 우리뿐만 아니라 서양에서는 특히 명장의 구도가 점차 바뀔 것이다.

이 책은 수부타이의 일대기를 자세히 다루고 있기도 하지만, 더 흥미로운 것은 수부타이의 전술 및 지략, 근대 전쟁기술과의 관련성을 상세히 설명하고 있다는 점이다. 수부타이의 두뇌에서 나온 몽골의 전술이 중앙아시아 곳곳으로, 소련으로, 독일로 흘러들어갔다. 바꿔 말하면 독일의 전격전도, 소련의 공중 전투지원도 모두 시간을 거스른 수부타이의 지략이 그 중심에 있다는 뜻이다. 이 책에서는 수부타이의 지략을 기반으로 한 몽골의 전술이 몽골 제국 쇠퇴 이후에도 소련으로 흘러들어갈 수밖에 없었던 이유를 설명하고 있다. 그의 활약상을 들여다보고 있노라면 마치 적벽대전을 앞두고 주유와 제갈량, 조조가 벌이는 한 판의 머리싸움을 보는 듯하다.

이 책을 번역하면서 『몽골비사』(유원수 역주)로부터 도움을 많이 받았음을 밝혀둔다. 난해함으로 인해 해석조차 어려운 고서를 옮겼을

뿐만 아니라 주석도 상세히 단 이 책은 몽골을 알고자 하는 이들에게
필독서로 꼽힐 것이다. 특히 수부타이가 직접 언급했던 대사들을 접
하고 싶어하는 독자들에게 일독을 권하고 싶은 책이다. 호메로스의 서
사시 『일리아드』와 겹쳐 읽는 것도 이 책을 읽는 좋은 방법 중 하나가
될 것이다.

찾아보기

ㄹ

옮긴이 박리라

한국외대를 졸업하고 영어 및 일어 전문 번역가로 활동하고 있다.

칭기즈칸의
위대한 장군,
수부타이

1판 1쇄   2014년 9월 22일
1판 9쇄   2024년 10월 23일

지은이   리처드 A. 가브리엘
옮긴이   박리라
펴낸이   강성민
편집장   이은혜
기 획   노만수
마케팅   정민호 박치우 한민아 이민경 박진희 정유선 황승현
브랜딩   함유지 함근아 박민재 김희숙 이송이 박다솔 조다현 정승민 배진성
제 작   강신은 김동욱 이순호
독자모니터링   황치영

펴낸곳   (주)글항아리 | 출판등록 2009년 1월 19일 제406-2009-000002호

주소   10881 경기도 파주시 심학산로 10 3층
전자우편   bookpot@hanmail.net
전화번호   031-955-2689(마케팅) 031-941-5161(편집부)
팩스   031-941-5163

ISBN   978-89-6735-128-1 03900

geulhangari.com